謎解きの英文法
文の意味

久野暲・高見健一 著
Susumu Kuno　Ken-ichi Takami

Let it be

I am liking you more and more.

Passive

It made me smile

Double Object

くろしお出版

はしがき

　中学や高校で英語や英文法を学んだとき、こんな疑問を感じたことはなかったでしょうか。「状態を表わす動詞 like, have, resemble などは進行形にできない」と教えられますが、本当でしょうか。受身文は、それに対応する能動文から「書き換え」られ、両者は同じ意味だと教えられますが、本当でしょうか。John gave Mary a diamond ring. と John gave a diamond ring to Mary. は「書き換え」られ、両者は同じ意味だと教えられますが、本当でしょうか。確かに、両者の「論理的」な意味は同じでしょうが、それだけがすべての意味だとは思えません。

　英語の勉強が進むと、「使い方がよく分からない」と感じたことはなかったでしょうか。たとえば、have は、The teacher had his students read three books. なら、「先生は学生に本を 3 冊読ませた」という「使役」の意味を表わしますが、make, get, let のような使役を表わす動詞とどのように区別して使うのでしょうか。It's Linda that John doesn't like. のような「強調構文」は、強調したい要素を Linda の位置に置きさえすれば、いつでも使えるのでしょうか。Mary says, "John, who is honest, never tells lies." という「直接話法」の文と、Mary says that John, who is honest, never tells lies. の「間接話法」の文は、実は意味が違っているのですが、直接話法や間接話法の文は、どのように使われるのでしょうか。

　この本は、上のような英語のさまざまな文にかかわる「謎」を解き明かそうとしたものです。ネイティヴ・スピーカーがさまざまな文を実際にどのように使い分けているか、それぞれの文がどのような条件のもとで適格となるかを、多くの例から具体的に示そうとしたものです。そのためにこの本では、適格な表現と不適

格な表現を比べ、その裏に潜んでいる規則を浮きぼりにします。推理の謎を解くように、この本で言葉の謎を解く楽しみを味わっていただければと思います。

　本書は9章からなり、第1章では、状態を表わす動詞でも進行形で用いられることを示し、進行形がどのような場合に使われるかを明らかにします。第2章と第4章では、(他動詞と自動詞の)受身文がどのような条件のもとで適格となるかを考えます。そして第3章では、ネイティヴ・スピーカーが、能動文ではなく、動作主 (by ～) のない受身文を用いることによって、相手に対する思いやりや丁寧さを示そうとする場合を観察し、動作主のない受身文の使用について考えます。第5章では、二重目的語構文とそれに対応する to/for ～を用いた文を取り上げ、両者の表わす意味が異なることを示して、それぞれがどのような場合に用いられるかを明らかにします。第6章と第7章では、使役文を考察し、make, get, have, let を用いた使役文が、それぞれどのような条件のもとで用いられ、どのように使い分けられているかを明らかにします。第8章では、強調構文の謎に迫ります。たとえば、It was Paris that John didn't go to last summer. とは言えるのに、It is Paris that John doesn't live in. とは言えないのはなぜかを、強調構文の表わす意味や「含意」から明らかにします。そして第9章では、直接話法と間接話法で意味が異なる場合を指摘し、話し手がどのようにこれらの表現に関与してくるかという視点から、両者の違いを解き明かします。

　本書で解説したさまざまな文に関して、最後でもう一度まとめていますので、参考にして下さい。また、本書で考察した内容に関連して、次の4つのコラムを設けて説明していますので、参考にしてもらえれば幸いです (「上司は部下にどんな指示の仕方をするか？」、「Go up to と come up to はどこが違う？」、「Call up と

call on はどこが違う？」、「John donated the museum a painting. は本当に『間違い』か？」）。

　この本を書くにあたり、多くの方々にお世話になりました。特に Karen Courtenay, Nan Decker のお二人からは、本書の多くの英語表現に関して有益な指摘をたくさんいただきました。また、くろしお出版の岡野秀夫氏には、本書の原稿を何度も通読していただき、さまざまな有益な助言をいただきました。ここに記して感謝します。

2005 年　立春　　　　　著　者

目 次

はしがき　*i*

第1章　I am liking you more and more each week. *1*
―状態動詞と進行形―

I am liking you. とは言わないが―　*1*
「状態動詞」は進行形にできない？　*2*
３種類の進行形とその共通の意味　*5*
「一定不変の状態」と「意図的な一時的状態」　*8*
なぜ I am liking you more and more each week. は適格か？　*13*
永続的でない非意図的状態　*16*
まとめ　*18*
事象の「兆候」を表わす進行形　*19*
進行形の拡張例 ― 未来を表わす進行形　*22*

[コラム①]　上司は部下にどんな指示の仕方をするか？　*24*

第2章　受身文（１）*29*
―受身文の適格性条件―

A good time was had by all. は適格か？　*29*
《主語性格づけ機能》　*30*

受身文と視点　*33*
《総体的ターゲット性制約》　*39*
《状態変化制約》　*44*
３つの仮説の関係　*48*
まとめ　*56*

コラム②　Go up to と come up to は
どこが違う？　*59*

第3章　受身文（２）　*65*
―動作主が明示されない受身文―

なぜ受身文を使うの？　*65*
受身文の機能 ― 動作主体をぼかす　*67*
動作主のない受身文はどのような場合に
　　用いられるか？　*68*
まとめ　*75*

第4章　自動詞の受身文　*77*

自動詞は受身にならない？　*77*
《総体的ターゲット性制約》　*79*
《主語性格づけ機能》　*82*
《状態変化制約》　*86*
まとめ　*89*
日本語の受身文　*90*

コラム③　Call up と call on はどこが違う？　*94*

第5章 二重目的語構文 *101*

2つの形は意味も同じか？ *101*
情報構造の違い *102*
目的語の指示対象は全体的影響 *106*
意味の違い *110*
同じ動詞でも適格性に違い *114*
「give 型」動詞と「buy 型」動詞 *115*

コラム④ John donated the museum a painting. は本当に「間違い」か？ *120*

第6章 使役文（1） *127*
―Make と Get を中心に―

"It *made* me smile" と "*Let* it snow" *127*
Have が表わす2つの意味 *128*
使役動詞の make はどんなときに使う？ *133*
他動詞文と make 使役文の違い *137*
使役動詞の get はどんなときに使う？ *140*
まとめ *145*

第7章 使役文（2） *147*
―Have と Let を中心に―

ホテルのフロントで *147*
使役動詞の have はどんなときに使う？
　―被使役主が人間の場合 *147*

使役動詞の have はどんなときに使う？
　——被使役主が無生物の場合　*154*
使役動詞の let はどんなときに使う？　*160*
まとめ　*165*

第8章　分裂文の謎　*171*

分裂文（強調構文）　*171*
分裂文の「前提」と「断定」　*173*
分裂文の文脈的制約　*177*
分裂文の含意　*182*
*It's Paris that John doesn't live in. は
　なぜ不適格か？　*184*
まとめ　*187*

第9章　前提と間接話法　*191*

直接話法と間接話法　*191*
「前提」とは何か　*192*
非限定関係節の前提性　*198*
まとめ　*203*
さらなる裏づけ　*204*

まとめ　*208*

付記・参考文献　*215*

［本文中の例文において、文頭に付されたマークが表わす意味］
* 不適格文
?? かなり不自然な文

第1章

I am liking you more and more each week.
—状態動詞と進行形—

I am liking you. とは言わないが—

　中学や高校の英語の授業では、人の心理状態を表わす like（「好きだ」）や知覚を表わす taste（「味がする」）のような動詞は、進行形にならないと教えられます。確かに *I am liking you. や *This soup is tasting good. のようには言わず、I like you. や This soup tastes good. のように進行形を使わない現在形で表現します。しかし、たとえば、相手のことがどんどん好きになり、それを「告白」するときはどう言うでしょうか。あるいは、新婚の夫婦がいて、妻の作るスープが最初はまずかったものの、「君のスープはだんだん美味しくなっているよ」と夫が妻に優しく言う場合はどうでしょうか。そうです。もちろん、次のように進行形が使えます。

(1)　a.　I *am liking* you more and more each week.
　　　b.　Your soup *is tasting* better every day.

5日前　　　　　　3日前　　　　　　今　日

本章では、進行形にならないとこれまで言われてきた動詞の多くが、実は進行形で用いられることを示します。そして、進行形になる動詞とならない動詞が初めから決まっているのではなく、進行形の表わす意味にマッチすれば、どのような動詞でも進行形で使われることを明らかにします。

「状態動詞」は進行形にできない？

中学や高校では、動詞は、動作を表わす「動作動詞」と、状態を表わす「状態動詞」に分かれ、一般に、動作動詞は進行形にできるが、状態動詞は進行形にできないと教えられています。

(2)　a.　They are *running* in the playground.（動作動詞）
　　　b.　She is *playing* the piano now.（動作動詞）
　　　c.　We are *studying* English.（動作動詞）

(3)　a.　*Mary is *resembling* her mother.（状態動詞）
　　　b.　*I am *understanding* English.（状態動詞）
　　　c.　*I am *seeing* Mt. Fuji over there.（状態動詞）

(2a-c) では、run, play, study が、「走る」、「(ピアノを) 弾く」、「(英語を) 勉強する」という動作を表わす動詞（動作動詞）なので進行形になります。一方 (3a-c) では、resemble, understand, see が、「(母に) 似ている」、「(英語が) 分かる」、「(富士山が) 見える」という状態を表わす動詞（状態動詞）なので進行形になりません。そのため、(3a-c) は間違いで、このような動詞は、次のように進行形を使わない現在形で表現しなければならないと教えられています。

(4) a. Mary *resembles* her mother.
   b. I *understand* English.
   c. I *see* Mt. Fuji over there.

ある高校生用の英文法書には、状態動詞が次の3つに分けられ、これらの動詞は一般に進行形にできないと書いてあります。

(5) 一般的な状態を表わす動詞：be「…である」、remain「…のままである」、have「持っている」、own「所有している」、belong to「…に所属している」、contain「含んでいる」、exist「存在する」、resemble「似ている」など。

(6) 心理的な状態を表わす動詞：like「好む」、love「愛する」、hate「嫌う」、hope「望む」、want「欲しい」、think「思う」、believe「信じる」、know「知っている」、understand「理解している」、remember「覚えている」、forget「忘れている」など。

(7) 知覚・感覚を表わす動詞：see「見える」、hear「聞こえる」、feel「感じがする」、smell「においがする」、taste「味がする」など。

しかし、(5)の「一般的な状態を表わす動詞」のbe, remain, have, resembleが用いられた次の進行形は、いずれも自然で適格です。

(8) a. Mary is *being* gentle today.
   b. They're *remaining* in their house for now, while the condo sale is finalized.（実例）
   「彼らは、分譲マンションの購入が完了するまで、し

ばらくの間、自分たちの家に住んでいます。」

c. I'm *having* problems with my Canon Printer. Do you know where I can get assistance? (実例)

d. Mary is *resembling* her mother more and more as time goes by. (cf. 3a)

さらに (6) の「心理的な状態を表わす動詞」に関しても、love, hope, want, think, believe, understand, forget などが用いられた次の進行形の文は、いずれも自然なものです。

(9) a. I am *loving* you more and more as the days go by.

b. I am *hoping* she isn't mad at me, but she probably is.

c. What were you *wanting* when you came here yesterday?

d. I can't imagine what he was *thinking* when he did that.

e. I'm *believing* in my own ability more and more. (実例)

f. I am *understanding* English bit by bit. (cf. 3b)

g. I'm *forgetting* things these days.

そして (7) の「知覚・感覚を表わす動詞」に関しても、see, hear, feel, smell が用いられた次の文は、まったく自然で適格なものです。

(10) a. I need glasses. I'm not *seeing* things so well these days. (cf. 3c)

b. I'm *hearing* a lot more criticism of the President lately.

c. Now all of a sudden I'm *feeling* really guilty.

d. My cats won't go into the kitchen as long as it's still *smelling* of that orange cleaner.

「私の猫たちは、まだあのオレンジ色の洗剤の臭いがする間は、台所に入って来ようとしない。」

以上のことから、「状態動詞は進行形にできない」というのは、間違いであることが分かります。それでは、進行形はどのような場合に用いられるのでしょうか。同じ状態動詞でも、(3a-c) は不適格なのに、(8)-(10) は、なぜ適格なのでしょうか。本章では、進行形がどのような意味を表わすかを考え、この謎を解くことにします。

3種類の進行形とその共通の意味

進行形は、一定の時間内である事柄が進行している（in progress）様子を表わすことが、次の (11)-(13) の例で分かります。そして、その進行の仕方には、次の3つの種類があります。

(11) 発話時（あるいは発話が指し示す時点）に進行している動作
    a. She is playing the piano now. (=2b)
    b. The baby is crying again.
    c. John was watching TV when I went to his room.

(11a, b) では、ピアノを弾くという動作、泣くという動作が、発話の時点で進行していることを表わします。一方 (11c) は、「私がジョンの部屋に入ったとき」という表現で指し示された時点で、テレビを見るという動作が進行していたことを表わします。

(12) 同じ動作主によって断続的に行なわれる動作の連続

a. We are studying English. (=2c)
b. I am reading the Bible every day.

次に (12a) は、話し手たちが、ある時から英語の勉強を始めて、今もそれを継続しているという意味で、英語を勉強するという断続的な動作が、（未来を含めての）ある一定の時間内で継続していることを表わします。ただしこの場合、発話の時点で実際に英語を勉強しているかどうかは問題ではなく、仮にその時点で勉強をしていなくても構いません。同様に (12b) は、話し手がある時から、たとえば1日に1時間聖書を読むという習慣を始め、その習慣が断続的に、今も、そして未来にかけて進行中であることを示します。

(13) 異なった動作主によって断続的に行なわれる動作の連続
a. The guests are arriving.
b. More and more people are dying of cancer these days.

3つ目の場合として、(13a) は、客が今着きつつあるという状態を意味するのではなく、すでに着いている人もいれば、まだ着いていない人もいて、順次到着している様子を表現しています。つまり、この文は、異なった動作主による断続的動作が、過去から現在、そして未来にかけて進行していることを表わしています。また (13b) は、最近は癌で死ぬ人が増えているという意味で、すでに死んだ人もいれば、まだ死んではいないが近い将来死ぬであろう人もいて、これも (13a) と同様に、異なった動作主に関する出来事が過去から現在、そして未来にかけて進行中であることを表わします。

(11)-(13) が指し示す動作、出来事を時系列で示すと、次のよう

第1章　I am liking you more and more each week.

になります。

(14)　She is playing the piano now.　(=2b/11a)

```
          進行形1：「同一動作主の継続的動作の連続体」
                         現在
          過去 _____|_____ 未来
          ピアノを弾く：━━━━━━━━━━━━━━━━
```

(15)　I am reading the Bible every day.　(=12b)

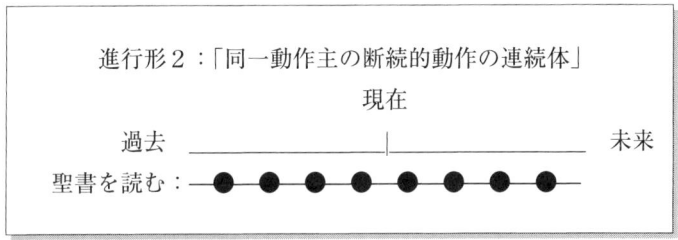

(16)　The guests are arriving.　(=13a)

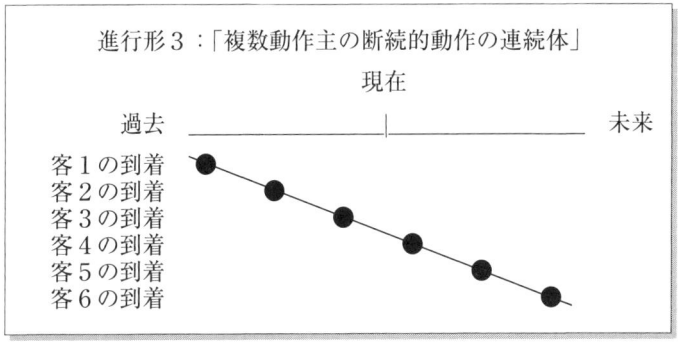

(14)-(16) の図から明らかなように、(11)-(13) の3つの場合で、同じ進行形が用いられている理由は、それらがいずれも、動作、出来事の連続を表わしているからです。

以上から、進行形は次のような意味を表わすことが分かります。

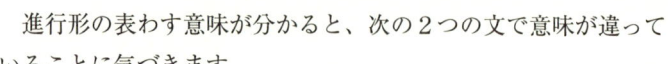

《進行形の意味》
進行形は、ある動作、出来事が、一定の時間内で進行、連続し、終了していないことを表わす。

「一定不変の状態」と「意図的な一時的状態」

進行形の表わす意味が分かると、次の2つの文で意味が違っていることに気づきます。

(17) a. Mary *is* gentle.
　　 b. Mary *is being* gentle today. (=8a)

(17a) の gentle は、メアリーが（いつも）優しいという、彼女の性格、性質を表わします。一方、(17b) の (being) gentle は、意図的に「優しくする」という動作を表わします。つまり、(17b) は、メアリーが今日は一時的に優しくしているという意味で、その日のメアリーの一時的な状態、ふるまいを述べているにすぎません。そのため、彼女が別の日はどうであるかに関して何も言及しておらず、普段はむしろ優しくないという含意が生じます。

形容詞で gentle のように、意図的にしたりしなかったりできる状態を表わすものには、他に careful, cautious, ambitious, modest, reasonable, unreasonable などがあります。他方、tall, old, left-handed（「左利きの」）などの形容詞は、意図的に、自分でコントロールすることができない恒常的状態を表わしますから、進行形には現われることができません。また、意図的にしたりしなかったりできる状態を表わす形容詞は、命令文に現われることができますが、恒常的状態を表わす形容詞は、命令文に現われることができません。このような違いを (18), (19) に示しておきます。

(18) a. He is being cautious about it.

You are being too ambitious.

You are being too modest.

b. *He is being tall.

*He is being old.

*He is being left-handed.

(19) a. Be extra cautious about it.

Boys, be ambitious.（「少年よ、大志を抱け」）

Be modest.

b. *Be tall.

*Be old.

*Be left-handed.

意図的にしたりしなかったりできる状態を表わす形容詞が進行形で用いられると、その文の主語の指示対象が、発話時、あるいは文が指し示す時点に、意図的に、一時的にその状態にあることを表わします。（これは、たとえば (11a) の She is playing the piano now. が意図的動作の一時的継続を表わしていることと同じ事実です。）したがって、同じ形容詞でも、主語の指示対象が人間、あるいは高等動物でない場合には、進行形が使えません。

(20) a. You are too ambitious.
「あなたは、野心的過ぎます。」
b. You are being too ambitious.
「あなたは、(今)野心的になり過ぎています。」

(21) a. This timetable is too ambitious.
「この予定表は、野心的過ぎます。」
b. *This timetable is being too ambitious.
「*この予定表は、(今)野心的になり過ぎています。」

「進行形は、ある動作、出来事が、一定の時間内で進行、連続し、終了していないことを表わす」という上の《進行形の意味》は、次の2つの文の違いも説明してくれます。

(22) a. We *live* in Tokyo.
b. We *are living* in Tokyo.

「(ある場所)に住む」という意味の live は、gentle, cautious, ambitious, modest 等と同様、意図的にしたりしなかったりすることができる状態を表わす動詞です。そのため、(22b) は、話し手たちが、今は東京に住んでいるという意味です。この文の進行形の機能は、(14) で示した She is playing the piano now. の進行形の機能、「同一動作主の継続的動作の連続体」とまったく同じです。すなわち、(22b) の進行形は、東京での生活が一定の期間内で進行し、継続し、終了していないことを表わします。この「一定の期間内で」という制限のために、以前は別の所に住んでいた場合や、来年は(大阪へ)引っ越すかもしれないというような場合などに用いられます。他方、進行形が用いられていない (22a) には「一定の期間内で」という制限がありませんから、話し手たちが、

ずっと東京に住んでいるという恒常的状態を表わします。

次の文の進行形の機能も (22b) のそれと同じであると考えられます。

(8) b. They'*re remaining* in their house for now, while the condo sale is finalized.
「彼らは、分譲マンションの購入が完了するまで、しばらくの間、自分たちの家に住んでいます。」

(9) c. What *were* you *wanting* when you came here yesterday?
d. I can't imagine what he *was thinking* when he did that.

(8b) では、彼らの自分たちの家での生活が、分譲マンション購入までのしばらくの間であり、(22b) と同様に、その生活が一定の期間内で進行し、継続していることを表わします。また (9c) では、聞き手が昨日やってきた時点で何を望んでいたかという、聞き手のある限られた期間での希望を尋ねています。同様に (9d) でも、聞き手が話題になっていることをした時に何を考えていたのかという、ある一定の期間内での聞き手の考えが問題となっています。よって、これらの文の進行形も、(14) や (22b) の進行形の用法と同じであると考えられます。

Hope「希望する」も意図的にしたりしなかったりすることができる状態を表わす動詞です。この動詞が進行形で使われるか否かによって、面白い意味の違いが出てきます。まず最初に (9b) を考えてみましょう。

(9) b. I *am hoping* she isn't mad at me, but she probably is.

この文は、「彼女が私のことを怒っていなければいいが」という

話し手の希望、期待が、現時点の限られた期間内で進行し、連続していることを表わします。そのため、話し手が現在どのように感じているか、なぜ今心配そうな顔をしているかなどを説明する文として適切です。

(9b) に見られるような hope の進行形が表わす意味は、次の2つの文で、はるかに鮮明に現われてきます。

(23) a. I *hope* that you can finish this work by the end of the week.
b. I *am hoping* that you can finish this work by the end of the week.

(23a) は、話し手の希望というよりは、聞き手に対する依頼を表わします。他方 (23b) は、話し手の遠慮深い希望を表わします。この違いは、(23a) の hope が「永続的な心からの希望」を表わすのに対して、(23b) の am hoping が、「ほんの一時的な軽い希望」を表わすことに起因しているからに違いありません（コラム①を参照）。

上に述べた進行形の hope と、進行形でない hope の意味の違いは、次の文の対照からも明らかです。

(24) a. Everyone *hopes* that their parents will live long and healthy lives.
b. *Everyone *is hoping* that their parents will live long and healthy lives.

「人は誰も、自分の両親が健康で長生きをするよう望んでいる」というような場合は、人の一定不変の希望、期待を表わすので、(24a) のように hope が用いられ、(24b) のような進行形 is hoping

を使うことはできません。

ただ、次のような場面を想定してみましょう。ある工事現場で爆発事故が起こり、負傷した人たちが病院に運ばれて、手術を受けようとしています。知らせを受けた負傷者の子供たちが病院にかけつけたとします。そして、その様子をテレビのレポーターが報告する場合には、次のように進行形を用いることができます。

(25) a. All the children *are hoping* that their parents will live long and healthy lives.
 b. All the children *are hoping* that their parents will be OK.

なぜなら、手術を受けている親が回復することを子供たちが病院の待合室で願っているという、その時点での希望、期待が描写されているためです。

なぜ I am liking you more and more each week. は適格か？

たとえば、話し手の聞き手に対する愛情が3週間前に芽生え、その時の愛情の強度は1、そして2週間前の愛情は、強度2、1週間前の愛情は、強度3、今の愛情は、強度4、そして、来週の

愛情の強度は5になるであろう、という状況を考えてみましょう。この状況を文字どおりに英語で表わせば、次のようになります。

(26)　　I liked you at degree 1 three weeks ago.
　　　　I liked you at degree 2 two weeks ago.
　　　　I liked you at degree 3 last week.
　　　　I like you at degree 4 this week.
　　　　I will like you at degree 5 next week.

上の状態の推移を愛情の強度と時を軸としたグラフで表わすと、次のようになります。

(27)　　I *am liking* you more and more each week.　(= 1a)

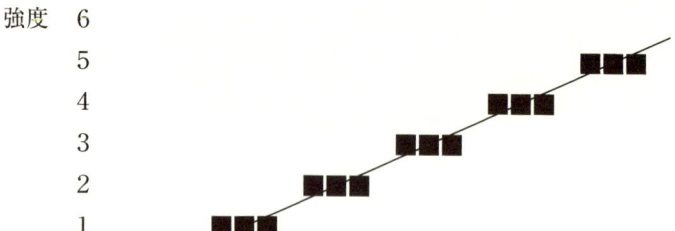

(1a) (=27) で進行形が表わしているのは、各週の愛情状態、すなわち、週ごとに区切りをもった少しずつ変化している状態が、連続しているという事実です。

　それでは、本章の冒頭の文（次の (28a)）はなぜ不適格なのでしょうか。

(28)　a. *I am liking you.

b. I like you.

同じ度合いの愛情が続いている場合には、(27) に示したような愛情状態の区切りがありません。話し手の聞き手に対する愛情は、グラフで表わせば、「一定の時間内で」という条件のない水平の延べ棒です。これこそ、(28b) の状態動詞 like が表わす意味であって、進行形を使う理由がまったくありません。(28a) の不適格性はこのような理由によるものと考えられます。

　(3a)（以下に再録）が不適格なのも、この理由によると考えられます。

(3)　　a. *Mary is resembling her mother.

メアリーが母親に似ている程度が一貫して同じなら、その程度に区切りがありません。そのため、似ている程度をグラフで表わせば、「一定の時間内で」という条件のない水平の延べ棒になります。これは、状態動詞 resemble が表わす意味であり、進行形を使うべき理由がなく、次のように表現されます。

(29)　　　Mary resembles her mother. (=4a)

一方、次のように、メアリーが月日の経過とともに、ますます母親に似てきた場合は、似ている程度が少しずつ変化し、区切りをもった状態が連続体を形成することになります。

(30)　　　Mary *is resembling* her mother more and more as time goes by. (=8d)

そのため、(30)では進行形が用いられることになります。

次の文で進行形が使われているのも、(27), (30)で進行形が使われているのとまったく同じ理由です。つまり、区切りのついた変化する状態が連続を成しているからです。

(1) b. Your soup *is tasting* better *every day*.
(9) a. I *am loving* you *more and more* as the days go by.
  e. I'*m believing* in my own ability *more and more*. (実例)
  f. I *am understanding* English *bit by bit*.

永続的でない非意図的状態

非意図的状態動詞の中には、like (apples), understand (Japanese) のように、永続的な状態を表わすものと、hear (strange noises), feel (chilly) のように、一時的な状態を表わすものの2種類があります。一時的な状態が繰り返して起きると、(15) (=I am reading the Bible every day.) で示したのと同じ連続体ができます。

(31)　　I *am hearing* strange noises.

　　　　　　　　　　5分前　3分前　2分前　現在
変な音が聞こえる：　●───●───●───●

この図から明らかなように、(31) の文は、話し手が、現在までの一定の限られた時間内で（たとえば、5分前も、3分前も、2分前も、そして現在も）変な音が聞こえるという、一時的な状態が繰り返し起こっていることを表わしています。この断続的な状態の繰り返しは、「進行形2」の「同一動作主の断続的動作の連続体」（7ページ参照）と同じく、一定の限られた時間内で連続体を形成しています。よって、《進行形の意味》に合致し、(31) で進行形が用いられることになります。

次の文で進行形が用いられているのも、(31) で示したのと同じ理由によるものと考えられます。

(32) a. I *am feeling* chilly.
   b. Now all of a sudden I'*m feeling* really guilty. (=10c)
   c. I'*m hearing* a lot more criticism of the President lately. (=10b)
   d. My cats won't go into the kitchen as long as it'*s* still *smelling* of that orange cleaner. (=10d)
   「私の猫たちは、まだあのオレンジ色の洗剤の臭いがする間は、台所に入って来ようとしない。」
   e. I need glasses. I'*m* not *seeing* things so well these days. (=10a)
   f. I'*m forgetting* things these days. (=9g)
   g. I'*m having* problems with my Canon Printer. Do you know where I can get assistance? (=8c)

(32a, b) では、話し手が寒いと感じたり、罪悪感を感じるという一時的な状態が、現在までのわずかな時間の間に繰り返し起こっており、連続体を形成していると考えられます。また (32c) は、

人が大統領を批判するのを話し手が最近はより多く耳にするようになってきたという意味で、批判を聞くという一時的経験が連続を成しています。さらに (32d) では、話し手が飼っている猫は、台所に入ろうとするたびに、オレンジ色の洗剤の臭いがするので、その臭いのする間は台所に入ろうとしないと述べられています。つまり、猫は、台所に近づくたびに、その洗剤の臭いを短い時間ではあっても嗅(か)いでおり、そのようなことを連続的に経験していると考えられます。(32e-g) の文も同じように説明できます。よって、これらの文は、(31) と同様に、進行形が用いられることになります。

まとめ

以上の本章での考察から、進行形は、ある状態が一定不変で継続しているような状況を表わす際には用いられず、ある動作や出来事が一定の時間内で進行し、連続体を成しているような状況を表わす際に用いられることが分かりました。これまで、状態動詞は、常に一定不変の状態を表わすと考えられ、そのために、「状態動詞は進行形にできない」と言われてきました。しかし、以上の考察から、状態動詞でも文脈次第で、次のような場合には進行形が使われることが分かりました。

(i) 意図的な一時的状態の連続を表わす場合
  We are living in Tokyo.
  I am hoping she isn't mad at me.

> (ii) 少しずつ変化している状態の連続体を表わす場合
>
> I am liking you more and more each week.
>
> I am understanding English bit by bit.

> (iii) 一時的状態が繰り返し起こることを表わす場合
>
> I am hearing strange noises.
>
> I'm forgetting things these days.

事象の「兆候」を表わす進行形

　以上の考察から、進行形は、動作動詞であれ状態動詞であれ、ある一定の時間内で、ある動作や出来事が進行し、連続している場合に用いられることが分かりました。次に、進行形が表わすこの基本的意味が、特定の動詞の基本的な意味を「拡張」する場合を指摘しておきます。

(33) a. The bus is stopping.
　　 b. The dog is dying.

Stop や die（ほかに find, notice, arrive など）の動詞が表わす動作、出来事は、一瞬に成立する、と言われています。たとえば、車が「止まる」という事象は、少しでも動いているときは、まだ止まっておらず、止まるのは瞬間に生じることで、その瞬間に生じる事象が継続できるはずはありませんから、(33a) は進行形が表わす基本的意味と矛盾し、不適格になるはずです。同様に、生き物が「死ぬ」という事象は、瞬間に生じる事象で、その瞬間の事象が継続できるはずはありませんから、(33b) も不適格になるはずで

す。それにもかかわらず、この2つの文は、何ら不自然さのない適格文なのです。いったい、何がこの2つの文を適格にしているのでしょうか。

(33a) は、バスが速度をゆるめ、次第に止まろうとしている過程を意味します。同様に (33b) は、その犬が死にかけている過程を意味します。このような「止まりかけている」、「死にかけている」という過程の意味は、実は、一般に瞬間動詞だと言われている stop, die の1つの意味に含まれているのです。次の2組の例文を見てみましょう。

(34) a. The bus *stopped* at the station at 3:45 p.m. as scheduled.
 b. He hit the brakes, and the car gradually *stopped*. (実例)
 「彼はブレーキを踏んだ、そして車は、徐々に止まった。」

(35) a. He *died* at midnight on December 25, 2004.
 b. In many different ways, I was allowed to help care for him in our home as he gradually *died*. (実例)
 「私は彼が徐々に死に至る過程で、私たちの家でいろいろな方法で彼の看病の手伝いをすることを許された。」

上の (a) 文は、stop, die が瞬間動詞として用いられている例です。他方、(b) 文は、stop, die が「徐々に」(gradually) という副詞で修飾されていますから、瞬間動詞であるはずがありません。(34b), (35b) が適格文であるということは、「瞬間動詞」に、瞬間的に起きる動作、出来事のみを表わす用法と、その瞬間的に起きる到達点と、その到達点に至るまでの過程（兆候）を表わす用法の2つがあることを示しています。この考え方によると、(33a) の stop

は瞬間動詞ではなく、最終的に止まるという到達点事象に至るまでの過程（兆候）、つまり、速度をゆるめ、次第に止まろうとしている過程もその意味内容の一部とした非瞬間動詞です。この文に進行形が許されるのは、この止まろうとする過程（兆候）がすでに始まっていて、発話時点で継続中で、終了していないからです。同様に、(33b) の die は、瞬間動詞ではなく、最終的な死という状態に到達するまでの過程（兆候）、つまり、食欲がなくなり、歩くことが困難になり、呼吸が困難になるというような兆候をその意味内容の一部とした非瞬間動詞です。この文に進行形が許されるのは、この死に至るまでの兆候がすでに始まっていて、発話時点で継続中で、終了していない（つまり、まだ死んでいない）からです。

このように、一見、進行形の基本条件の例外であるかのように見える (33a, b) も、実は、進行形使用の基本条件を完全に満たした文であることが分かります。動詞、あるいは動詞句が表わす意味に終局的な到達点があって、なおかつ、その到達点に至るまでの過程（兆候）が含まれているものには、次のような表現があります。

(36) a. He built a house.
  b. He wrote a book.
  c. He extinguished the fire.

これらの文が強調しているのは、家の完成、本の書き上げ、消火という、到達点の事象です。ところが、これらの文を進行形にすると、到達点に至るまでの過程の継続、並びに、到達点への未到達が強調されることになります。

(37) a. He was building a house.
　　 b. He was writing a book.
　　 c. He was extinguishing the fire.

(33a, b) が適格文であるのは、(37a-c) が適格文であるのと同じ理由による、と言えるわけです。

進行形の拡張例 － 未来を表わす進行形

進行形は、未来の事柄を表わす際にも用いられます。

(38) a. The Red Sox will play tomorrow.
　　 b. The Red Sox are playing tomorrow.
(39) a. John and Mary will get married next spring.
　　 b. John and Mary are getting married next spring.

未来の出来事を表わすのに進行形が使えるのは、(38b), (39b) のように、その出来事の予定が決まっているときに限られます。確定的でない未来の出来事に進行形を使うと不適格になります。

(40) a. The Red Sox will win tomorrow.
　　 b. *The Red Sox are winning tomorrow.

(38b) は、レッドソックス（アメリカ、メジャーリーグの野球チーム）が明日、試合があるという、明日の予定を述べているだけで、何らかの動作や出来事が現在、進行しているわけではありません。また (39b) も、ジョンとメアリーが来春結婚するという予定を述べているだけで、何らかの事象が現在、進行していると述べてい

るわけではありません。しかし、レッドソックスが明日試合があることが確定しており、ジョンとメアリーが来春結婚することが決まっている場合は、現在（発話時）からその確定した予定に向かってさまざまな事柄が進められます。たとえば、試合に向けてすでにグランドの整備が行なわれていたり、結婚に向けて2人が新居を探していたりとか、試合や結婚に至るまでの過程が始まっている、と考えられます。そして、(38b), (39b) の話し手も、自分の気持ちの中で、それらの事象やその兆候がすでに進行していると把握して、進行形を用いていると考えられます。その点で、(38b), (39b) のような例は、(33a, b) のような例で用いられている進行形の表わす意味、すなわち、到達点事象に向かっての過程がすでに始まっていて、発話時で継続していて、終了していない、という意味の拡張適用だと考えることができます。

コラム ①

上司は部下にどんな指示の仕方をするか？

アメリカ人は一般に、人にものを言うとき、率直で、直接的な言い方をすると思われているかも知れません。その上、上司と部下という立場を考えると、「目上」と「目下」の関係ですから、上司が部下に何か指示をする際、次のような命令形や、端的で直接的な言い方が効率的で、実際に使われると思われるかも知れません。

(1) a. Finish this work by the end of the week.
    b. Get this done by the end of the week.
    c. I need this by the end of the week.

実際、日本では、上司が部下に「この仕事、週末までに仕上げといて」というように、直接的で、そっけない表現が用いられることでしょう。しかし、アメリカでは、(1a-c) のような命令的表現は、まず用いられることはありません。アメリカ人の上司は、たとえば次のような丁寧な表現を用いて、部下に「指示」をするのが普通です。

(2) a. I'd like you to (try to) finish this work by the end of the week.
    b. I'd appreciate it if you could finish this work by the end of the week.
    c. I'm hoping that you can finish this work by the end of the week.

もちろん、上司がこのように言ったとき、上司は部下に週末までにその仕事をやってもらわねばならないと思って言っています。つまり、（2a-c）の表現が丁寧で柔らかいからといって、指示の内容が軽いものであったり、週末までにできなくても大丈夫だということを意味するわけではありません。そして、アメリカ人なら誰もがこのことを知っています。

日本の上司と部下の関係になじんだ日本人が、アメリカの企業に上司として行くと、部下に対して、日本での場合と同じように無愛想でそっけない表現を用い、そのために嫌われたり、憎まれたりするという話を聞きます。日本人の上司がいる日本企業のアメリカ支社で、アメリカ人が秘書として仕事をした場合、その人はわずか2週間で仕事を辞めてしまうという話を聞いたことがありま

す。これは、上司が部下に対して用いる表現が日米でいかに異なっているかを表わしています。

　また、直接的な命令表現に慣れている日本人が、アメリカの企業に部下として行くと、自分の上司の使う表現が重要な命令なのか、それとも冗談を言っているのか理解できない場合があるという話を聞きます。さらに、上司の使う言葉だけからは、どちらが上司でどちらが部下か分からないぐらいだという話も聞きます。この点もまた、日米での言語表現の違いがいかに大きいかを表わしていると言えます。

　アメリカ人がいかに直接的な命令表現を避けようとするかを表わす実例をあげておきましょう。アメリカでは、客を自宅の食事に招待するのが最高のもてなしですが、客に食卓のどの椅子に座ってもらうかを伝えるのは、ホステスの役割です。そのような場合、

　　(3)　　Mary, do you want to sit here?

というような表現がときたま聞かれます。これは、メアリーにその椅子に座りたいか座りたくないかを聞く質問ではなくて、「メアリー、この椅子に座ってください」という指示です。それを、客メアリーの意志を尊重した質問という形で表わしているわけです。(3)は、「メアリーさん、ここにお座りください」という丁寧な命令形を使うのが礼儀を欠かない表現になっている日本語の話し手には想像できないような婉曲的命令、依頼表現です。ある日本人女性がアメリカの家族の家に夕食に招かれ、ホステスがホストの右側の主賓の席（女性の主賓はホスト

の右側の席、男性の主賓はホステスの右側の席、というのがインフォーマルでない食事会の席順になっています）を指して Do you want to sit here? と言ったので、それを文字通りに解釈し、遠慮して、No, I don't want to と答え、意図せずホステスを当惑させたという話を耳にしたことがありますが、こういう場合には、Thank you と言って、指された椅子に座るのが礼儀です。

第2章

受 身 文（1）
―受身文の適格性条件―

A good time was had by all. は適格か？

「受身文」と言えば、誰しも中学校以来、次のような書き換え問題でなじみ深い構文です。

(1) 次の能動文を対応する受身文に書き換えなさい。
    a. Everyone loves Mary.
    b. John and Mary invited her to dinner.
    c. The police arrested the invader.

もちろん、正解は (2a-c) に示す通りです。

(2) a. Mary is loved by everyone.
    b. She was invited to dinner by John and Mary.
    c. The invader was arrested by the police.

それでは、次の (a) の能動文に対応する (b) の受身文で、英語として正しいものには ○、間違っているものには × をつけてみて下さい。

(3) a. John and Mary have a nice house.
    b. A nice house is had by John and Mary.

(4) a. All had a good time.
  b. A good time was had by all.
(5) a. A speeding car approached Mary.
  b. Mary was approached by a speeding car.
(6) a. Several fund raisers approached Mary for contributions.
  b. Mary was approached for contributions by several fund raisers.

正解は、次の通りです。

have	(3b) A nice house is had by John and Mary.	×
	(4b) A good time was had by all.	○
approach	(5b) Mary was approached by a speeding car.	×
	(6b) Mary was approached for contributions by several fund raisers.	○

全問、正解となりましたか。なぜ、同じ動詞なのに、このように受身文として正しいものと正しくないものがあるのでしょうか。受身文はどのようなときに適格となるのでしょうか。本章では、受身文に課せられる制約、受身文が果たす機能を考えながら、このような問題を明らかにします。

《主語性格づけ機能》

最初に、受身文がどのような目的のために使われるかを考えてみましょう。まず、次の2つの文を見て下さい。

(7) a. Shakespeare wrote *Hamlet*.

b. *Hamlet* was written by Shakespeare.

(＝7a)　　　　　　　　(＝7b)

上の２つの文の論理的意味は同じです。しかし、この２つの文は、通常の中・低・高音調で発音された場合、「何についての文であるか」という点で、大きな違いがあります。(7a) は、「シェイクスピアとは、どんな人なのか」というシェイクスピアについての文、シェイクスピアを性格づける文であるのに対して、(7b) は、「ハムレットとは、どんな本なのか」というハムレットについての文、ハムレットを性格づける文です。

同様に、次の文を比べてみましょう。

(8)　a.　Frank Lloyd Wright designed the old Imperial Hotel.
　　　b.　The old Imperial Hotel was designed by Frank Lloyd Wright.

(7) の場合と同様に、(8a) は「フランク・ロイド・ライトは、どんな人なのか」というライトについての文、ライトを性格づける文ですが、(8b) は、「旧帝国ホテルとはどんな建物であるか」という、旧帝国ホテルについての文、旧帝国ホテルを性格づける文です。

この点から受身文の機能の1つが、「主語の性格づけ」であることが分かります。

> 《主語性格づけ機能》
> 受身文は、話し手がその主語を性格づけるときに用いられる。

《主語性格づけ機能》は、次の (b) 文がどうして極めて不自然、あるいは不適格な文であるかを説明することができます。

(9) a. John read *Hamlet* last night.
   b. ??/*Hamlet was read by John last night.

(10) a. John watched *Upstairs and Downstairs* last night.
   b. ??/**Upstairs and Downstairs* was watched by John last night.

(7b) で見たように、シェイクスピアがハムレットを書いたという事実は、ハムレットの最も重要な性格づけになりますが、ジョンが昨晩ハムレットを読んだという事実は、ハムレットがどんな本であるかを性格づける根拠にしては、あまりに些細で、役に立ちません。同様に、テレビ番組 Upstairs and Downstairs を昨晩ジョンが見たという事実は、その番組の性格づけにはなり得ません。この2つの文が極めて不自然、あるいは不適格な文だと判断されるのは、このような理由によるものと考えられます。

ところが、次の受身文は適格です。

(11) a. *Hamlet* was read *even* by John.
   b. *Hamlet* has been read by *millions of people all over the*

　　　　world.

　　c.　*Upstairs and Downstairs* has been watched by *millions of people all over the world.*

(11a) が適格文であると判断されるのは、読書嫌いのジョンでさえハムレットを読んだという事実が、ハムレットがどんな本であるかを性格づけるに足るからです。同様に (11b, c) でも、世界中の何百万人もの人たちが、ハムレットを読み、Upstairs and Downstairs を見たという事実は、ハムレットと Upstairs and Downstairs の性格づけをするのに十分な事実なので、この2つの文が適格である、と説明することができます。

受身文と視点

次に、(12a, b) の能動文と受身文の違いを考えてみましょう。

(12)　a.　John hit Bill.
　　　b.　Bill was hit by John.

ジョンがビルをぶったという1回限りの出来事は、ビルがどんな人であるかを性格づけることはできません。それにもかかわらず (12b) が適格であるということは、受身文の機能に、「主語性格づけ」以外の何かがあるからに違いありません。それが何であるかを解明するために、次のような文脈を設定してみましょう。ジョンとビルは寮のルームメートで、その2人がけんかをし、ジョンがビルをぶったとします。この出来事を目撃した話し手は、少なくとも次の3つの能動文を使って、それを他の誰かに伝えることができます（同じ指標（i および j）が付された名詞は、その指

示対象が同一人物であることを表わします)。

(13) a. John hit Bill. (=12a)
b. John$_i$ hit his$_i$ roommate.
c. Bill$_j$'s roommate hit him$_j$.

John$_i$ hit his$_i$ roommate.
(=13b)

Bill$_j$'s roommate hit him$_j$.
(=13c)

(13a-c) の3つの文の論理的意味は同じですが、これらの文は、話し手の視点がどこにあるかという点で、異なっています。(13b) で Bill を指すのに his (=John's) roommate という表現が用いられているのは、話し手が問題の出来事を報告するのにジョン寄りの視点をとっていることを示しています。なぜなら、John's roommate という表現は、ジョンを基準にして、ジョンとどういう関係にあるかによって、ビルを記述する表現だからです。

一方、(13c) で John を指すのに Bill's roommate という表現が用いられているのは、話し手が同じ出来事を報告するのに、目的語 him の指示対象であるビル寄りの視点をとることもできることを表わしています。(13b) と (13c) に関するこの2つの事実から、能動文では、話し手が主語の指示対象寄りの視点をとることもできるし、目的語の指示対象寄りの視点をとることもできるという結

論が得られます。

(13a) では、ジョンとビルを指すのに、話し手がどちら寄りの視点をとっているかを明らかにする表現が用いられていないので、この文は、ジョン寄りの視点の文かも知れないし、ビル寄りの視点の文かも知れません。あるいは、話し手は、どちら寄りの視点もとらず、中立の視点から問題の出来事を報告しているのかも知れません。ここで、John's roommate や Bill's roommate という表現が、上に仮定したように、それぞれ John、Bill の視点を表わす表現であることを公式化しておきます。

> **《対象詞の視点制約》**
>
> ある指示対象（たとえば Bill）を、指示対象 X（たとえば John）に基づいた表現（たとえば John's roommate）で表わしている文は、話し手が X 寄りの視点をとっていることを表わす。

次に、ジョンとビルがルームメートであるという同じ設定で、同じ出来事（つまり、ジョンがビルをぶったという出来事）を話し手が受身文を用いて報告したとします。この場合、話し手は、(14a, b) を用いることはできますが、(14c) を用いることはできません。

(14) a.　　Bill was hit by John. (=12b)
　　 b.　　 Bill$_j$ was hit by his$_j$ roommate.
　　 c.　　 ??/*John$_i$'s roommate was hit by him$_i$.

この事実は、次の制約を立てることによってのみ説明できます。

> **《受身文の主語寄り視点制約》**
>
> 受身文は、話し手がその主語の指示対象寄りの視点をとっているときにのみ用いられる。

この制約によると、(14a, b) は、話し手が主語の指示対象寄り、すなわちビル寄りの視点をとっていることを表わします。(14b) では、ジョンを指すのに his (=Bill's) roommate という表現が用いられています。そのため、この表現も《対象詞の視点制約》により、話し手がビル寄りの視点をとっていることを表わします。したがって、(14b) では、《受身文の主語寄り視点制約》も《対象詞の視点制約》も、ともに話し手がビル寄りの視点をとっていることを表わし、両者に矛盾がないので、この文は適格です。

一方 (14c) では、受身文の使用が、《受身文の主語寄り視点制約》により、主語の John's roommate 寄りの視点、つまりビル寄りの視点をとっていることを表わします。それに対し、ビルを指すのに John's roommate と表現されていることが、《対象詞の視点制約》により、ジョン寄りの視点をとっていることを表わします。そのため、両者の表わす視点が矛盾しています。

??/*John's roommate was hit by him. (=14c)

(14c) が極めて不自然、あるいは不適格であると判断されるのは、この2つの視点が相反するものであることに原因があります。この観察から、次の視点制約を仮定することができます。

> **《視点の一貫性》**
> 話し手は、1つの文の中で相反する視点をとることはできない。

ここで、(12a, b) を再録します。

(12) a. John hit Bill.
　　 b. Bill was hit by John.

(12a) と (12b) の上の観察から、能動文 (12a) は、話し手の視点がジョン寄りでも、ビル寄りでも、あるいは、両者に中立の視点をとっているときにでも用いられる文であるのに対して、受身文 (12b) は、話し手がビル寄りの視点をとっているときにのみ用いられる文であることが明らかになりました。言い換えれば、能動形他動詞文を受身文に変えることで、視点が明確でない文を、目的語の指示対象に視点がある、と明確にすることができるのです。この現象を一般化して、次の規則を仮定してみましょう。

> **《派生主語の視点規則》**
> もともと主語の位置になかった名詞を意図的に主語の位置に移すような操作を加えると、話し手の視点が義務的にその名詞の指示対象寄りになる。

このように考えると、なぜ、meet「出会う」、marry「結婚する」のような「対称（相互）動詞」（たとえば、AがBと結婚すれば、BはAと結婚することになる動詞）の受身文が不適格になるかが分かります。まず、次の例を見て下さい。これらの文は、論理的に同じ意味を表わしています。

(15)　a.　John and Mary met.
　　　b.　Mary and John met.
　　　c.　John met Mary.
　　　d.　Mary met John.
(16)　a.　John and Mary married.
　　　b.　Mary and John married.
　　　c.　John married Mary.
　　　d.　Mary married John.

(15a, b) では、John and Mary あるいは Mary and John が主語であって、John だけ、Mary だけが主語であるわけではありません。一方、(15c) では John だけ、(15d) では Mary だけを意図的に主語にする操作が加えられているので、これらの文には、《派生主語の視点規則》が適用し、(15c) は義務的にジョン寄りの視点の文、(15d) は義務的にメアリー寄りの視点の文となります。すなわち、(12a) と (12b) との間で受身文を用いて行なわれた派生主語寄りの視点への変換が、(15) では、meet「出会う」という動詞を他動詞として使うことによって自動的に行なわれるので、受身文の助けを借りる必要がありません。対称動詞 marry の場合も同じことが言えます。これで、対称動詞に受身形がないこと、つまり、次の文がなぜ不適格かが説明できます。

(17) a. *Mary *was met* by John at Harvard Square today.
b. *Mary *was married* by John in 1960.

ただし、これらの不適格文も、(17a) の meet が「出会う」の意味ではなく、「出迎える」の意味のときや、(17b) でも、ジョンが牧師で、メアリーと他の誰かの結婚式をつかさどったという意味なら適格になります。つまり、次のような文は完全に適格です。

(18) We *were married* by Father Smith in 1960.
「私たちは、スミス神父のはからいで 1960 年に結婚式をあげた。」

なぜこのような場合に適格となるのか、以下でさらに考えましょう。

《総体的ターゲット性制約》

これまで、受身文に、「主語の性格づけ」機能と「主語寄りの視点」機能があることを示しました。しかし、本章の冒頭で述べた次の (b) の受身文は、これら 2 つの機能ではまだ説明できません。

(5) a. A speeding car approached Mary.
b. *Mary was approached by a speeding car.
(6) a. Several fund raisers approached Mary for contributions.
b. Mary was approached for contributions by several fund raisers.

どうして (5b) は、メアリー寄りの視点の文として適格とならないのでしょうか。そして (6b) は、同じ動詞 approach の受身形なのに、どうして適格なのでしょうか。

(5a) の approach と (6a) の approach は、ともに「近づく」と訳される動詞ですが、この動詞が表わす動作には、2つの文の間で大きな違いがあります。すなわち、(5a) の「近づく」は、動作主体（猛スピードで走っている車）と目的語の指示対象（メアリー）の距離が単に縮まったという意味で、目的語指示対象（メアリー）を<u>ターゲットにして</u>近づいてくるわけではありません。

メアリーはターゲットではない

一方、(6a) の approach は、動作主体（寄付金を集めている人たち）が目的語の指示対象（メアリー）に連絡をとり、動作主体の目的に適(かな)った行動をとるように依頼するという意味であって、目的語の指示対象（メアリー）を<u>ターゲットにした</u>動作を表わします。

メアリーがターゲット

(5a) に対応する受身文がなく、(6a) に対応する受身文があるということは、目的語の指示対象が、動詞が表わす動作のターゲットとして機能している他動詞文のみ、受身文になり得ることを示しているように思われます。

しかし、次の (19b) の不適格性は、「目的語の指示対象が、動詞が表わす動作のターゲットとして機能している」という条件だけでは十分でないことを示しています。

(19) a. John entered the lecture hall on time.

b. *The lecture hall was entered by John on time.

(20) a. A team of scientists entered the reactor chamber for the first time on Friday.

b. The reactor chamber was entered by a team of scientists for the first time on Friday.

局部的動作　　　　　　全体的動作

(19a) と (20a) の enter は、ともに講堂、原子炉チェンバーをターゲットとした「…に入る」という動作を表わしますが、この2つの「入る」という動作がその目的語の対象物に与える影響には、大きな違いがあります。ジョンの講堂に入るという動作は、講堂の片隅で起きる局部的な動作ですが、科学者チームが被爆後初めて原子炉チェンバーに入ったという動作は、原子炉チェンバー内部全体に起きた動作です。(19a) の受身形が非文法的で、(20a) の受身形が文法的であるということは、他動詞が表わす動作が目的語の指示対象をそのターゲットとし、その動作の効果が目的語の対象物全体に及ぶときにのみ、受身文が作れることを示唆しています。

同様に、次の文を考えてみましょう。

(21) a. Mary had Jane as a bridesmaid at the wedding.
「メアリーの結婚式はジェインが花嫁付添い役の一人だった。」
b. *Jane was had as a bridesmaid by Mary at the wedding.
(22) a. Mary has many friends.
b. *Many friends are had by Mary.

(21a), (22a) の have は、「目的語の指示対象をターゲットとし、そ

の効果が総体的に指示対象全体に及ぶ」ような動作を表わしません。つまり、メアリーの結婚式でジェインが花嫁付添い役の一人であったり、メアリーが多くの友達を持っているというのは、メアリーとジェインの一時的関係や、メアリーがどのような状態にあるかを述べるだけで、ジェインや多くの友達は何かの影響や変化を総体的に受けているわけではありません。したがって、これらの文には、受身文がありません（(3b) [= *A nice house is had by John and Mary.] の不適格性も同様に説明できます）。

それでは、次の例を見てみましょう。

(23) a. All had a good time. (=4a)
    b. A good time was had by all. (=4b)
(24) a. All had a very enjoyable dinner.
    b. A very enjoyable dinner was had by all.

(23a) の have は、「過ごす」という動的な意味の動詞で、a good time で表わされた時間全体が、「過ごす」という動作の効果が及ぶ範囲を表わしています。したがって、この文には、適格文としての受身形 (23b) があります。同様に、(24a) の have は「食べる」という動作を表わし、a very enjoyable dinner はその動作を<u>総体的に受けるターゲット</u>ですから、この文にも受身形 (24b) があります。

次に (25b) の不適格性を考えてみましょう。

(25) a. Professor Smith quit the University of Hawaii in 1960.
    b. *The University of Hawaii was quit by Professor Smith in 1960.

他動詞 quit は、動作主（スミス教授）の一方的な動作を表わし、その動作がその目的語の指示対象（ハワイ大学）を総体的なターゲットとしているわけではありません。つまり、スミス教授がハワイ大学を辞めても、大学という大きな組織が教授一人の辞任によって総体的、全体的影響を受けるわけではありません。言い換えれば、「辞める」という事象は、スミス教授が勝手に、自律的に行なう動作であり、ハワイ大学はその事象に関わって（巻き込まれて）はいません。したがって、この文には、適格な受身文がありません。

以上の考察から、受身文を作るための次の制約が正しいことが明らかとなります。

《総体的ターゲット性制約》

能動形他動詞文は、目的語の指示対象が、動詞が表わす動作の総体的ターゲットを表わす場合にのみ、受身形を作ることができる。

《状態変化制約》

上で観察した能動文と、それに対応する適格な受身文を、ここで再度見てみましょう。

(6) a. Several fund raisers approached Mary for contributions.
 b. Mary was approached for contributions by several fund raisers.

(20) a. A team of scientists entered the reactor chamber for the first time on Friday.

    b. The reactor chamber was entered by a team of scientists for the first time on Friday.
(23) a. All had a good time. (=4a)
    b. A good time was had by all. (=4b)
(24) a. All had a very enjoyable dinner.
    b. A very enjoyable dinner was had by all.

(a) の能動文とそれに対応する (b) の受身文の間には、どのような機能上の違いがあるのでしょうか。この謎に答えるために、次の能動文と受身文のペアーを比べてみましょう。

(26) a. John read *Hamlet* last night.
    b. ??/**Hamlet* was read by John last night. (=9b)

(27) a. A passerby picked up the purse from the street.
    b. The purse was picked up from the street by a passerby.
(28) a. Our regular mailman delivered today's mail.
    b. Today's mail was delivered by our regular mailman.

ジョンがハムレットを一晩で読めば、ハムレットの本全体に読むという動作が及んでいるので、ハムレットは、読むという動作の総体的ターゲットです。したがって (26a) は、《総体的ターゲット性制約》を満たしています。しかし、それにもかかわらず、(26b) の受身文は不適格です。一方 (27a) でも、通行人が財布を道から拾い上げれば、財布全体に拾い上げるという動作が及んでいるので、財布は拾い上げるという動作の総体的ターゲットです。そのため、(27b) も《総体的ターゲット性制約》を満たしており、(27b) の受身文は適格です。同じように《総体的ターゲッ

ト性制約》を満たしているのに、どうして両者は適格性が異なるのでしょうか。ここには解かなければならない新たな謎が隠れているようです。

先に、(26b) が不適格なのは、この文がハムレットという作品の性格づけになっていないからだと考えました（《主語性格づけ機能》）。今度は逆に、適格な受身文 (27b), (28b) が、なぜ適格なのかという点に着目して考えてみましょう。これら2つの適格文は、ともに1回限りの過去の出来事を表わしているに過ぎませんから、その適格性を《主語性格づけ機能》で説明することはできません。むしろ、(26b) と (27b), (28b) の違いは次のように考えられます。(27b), (28b) は、主語の指示対象（財布や手紙）の状態に変化が起きたことを表わしていますが、(26b) は、そのような変化を表わしていません。つまり、道に落ちていた財布を通行人が拾い上げたということは、財布の状態の変化を表わし、今日の郵便が配達されたということは、未配達の状態から、配達ずみの状態への変化を表わします。

一方、ジョンがハムレットを読んだという事実は、ハムレットという本の状態を変えるものではありません。このように考えると、受身文は、その主語の指示対象の状態変化に関心を寄せるという機能をもつと言えます。この点を次の制約としてまとめます。

> **《状態変化制約》**
> 受身文は、その動詞が表わす動作が、その主語の指示対象の状態に変化をもたらしたことに関心を寄せる構文である。

上の制約を踏まえて、先にあげた能動形他動詞文 (6a), (20a) とそれに対応する受身文 (6b), (20b) の機能的な違いを考えてみましょう。

(6) a. Several fund raisers approached Mary for contributions.
b. Mary was approached for contributions by several fund raisers.

(20) a. A team of scientists entered the reactor chamber for the first time on Friday.
b. The reactor chamber was entered by a team of scientists for the first time on Friday.

(6a) と (6b) の違いは、(6b) が Mary の状態変化（すなわち寄付を求められていない状態から、寄付を求められた状態への変化）に関心を寄せる文であるのに対し、(6a) の能動文には、Mary の状態変化に関心を寄せる機能がありませんから、この文は、出来事を記述する文か、寄付集めをする人に関心を寄せる文ということになります。先に仮定した《受身文の主語寄り視点制約》は、「主語の状態に変化をもたらしたことに関心を寄せる」という、受身文の《状態変化制約》から派生する制約であると考えられます。同様に、(20a) と (20b) の違いは、(20b) が原子炉チェンバーの状態に変化が起きたことに関心を寄せる文であるのに対し、それに対応する能動文 (20a) にはそのような機能がありませんから、単

に、出来事を表わす文か、科学者チームに関心を当てた文である、ということになります。

次に (23a) と (23b) の機能的違いを考えてみましょう。

(23) a. All had a good time.
b. A good time was had by all.

(23a) と (23b) の違いは、後者が、「楽しい時間」の状態変化（すなわち未存在の状態から存在の状態への変化）に関心を寄せる文であるのに対して、(23a) は出来事を表わす文、あるいは、話題になっている人たち全員についての文である、ということになります。

３つの仮説の関係

以上の議論で、受身文の機能、制約に関して、次の３つの仮説を立てました。

《総体的ターゲット性制約》
能動形他動詞文は、目的語の指示対象が、動詞が表わす動作の総体的ターゲットを表わす場合にのみ、受身形を作ることができる。（すべての受身文が満たさなければならない制約）

《主語性格づけ機能》
受身文は、話し手がその主語を性格づけるときに用いられる。

《状態変化制約》
受身文は、その動詞が表わす動作が、その主語の指示対象の状態に変化をもたらしたことに関心を寄せる構文である。

本節では、これら3つの仮説の関係を調べてみます。

まず、次の文を見てみましょう。

(29) a. Hundreds of faculty members have quit the University of Hawaii.
「何百人という教員がハワイ大学を辞めた。」
b. *The University of Hawaii has been quit by hundreds of faculty members.（性格づけ文）

(30) a. All these students resembled the teacher.
b. *The teacher was resembled by all these students.（性格づけ文）

(29b), (30b) は《主語性格づけ機能》を満たしていますが、《総体的ターゲット性制約》を満たしていません。また、総体的ターゲット性がなくて、状態変化をもたらすような動作は存在するとは考えられません。《総体的ターゲット性制約》が、すべての受身文が満たさなければならない制約と想定したのは、この理由によります。

それでは、次の文を見てみましょう。

(31) a. John read *Hamlet* last night. (=9a)
b. ??/**Hamlet* was read by John last night. (=9b)
c. *Hamlet* has been read by millions of people all over the

world. (=11b)（性格づけ文）

ジョンがハムレットを読むという動作は、ハムレットの状態に変化を与えるものではありません。したがって、受身文 (31b) の不適格性は、《状態変化制約》に違反しているためだと考えられます。他方、(31c) の適格性は、《状態変化制約》を満たさない受身文でも、《主語性格づけ機能》を満たしていれば、適格文であることを示しています。

　同様に、次の文を見て下さい。

(32)　a.　John saw Bill in front of the door.
　　　　　「ジョンは、ビルが玄関の外に立っているのを見た。」
　　b. ??/*Bill was seen by John in front of the door.
　　c.　Bill hasn't been seen by anyone recently.（性格づけ文）
　　　　　「ビルは最近、誰も見た人がいない。」

(31) と同様に (32) でも、ビルが玄関の外に立っているのをジョンが見たという動作は、ビルの状態に変化を与えるものではありません。(32b) の不適格性は、この文が《状態変化制約》を満たしていないためだと考えられます。他方 (32c) は、ビルがここ最近姿を隠している、というビルの性格づけをする文なので、《主語性格づけ機能》を満たしています。

　次の文も同様です。

(33)　a.　John heard Bill at the front door.
　　　　　「ジョンは、表玄関の外でビルの声がするのを聞いた。」
　　b. *Bill was heard by John at the front door.

c. Bill talks so softly that he cannot be heard by anyone three feet away.（性格づけ文）
　　「ビルは、声が小さいから、3フィート離れていたら、誰にも言っていることが聞こえない。」

(33b) の不適格性、(33c) の適格性は、(31b), (32b) の不適格性、(31c), (32c) の適格性と同じ理由によります。

　これら (31)-(33) の 3 組の文は、《状態変化制約》を満たさない受身文は、《主語性格づけ機能》を満たさなければならないことを示しています。(《主語性格づけ機能》を満たす受身文は、主語の指示対象を特徴づけるような動作が起きたか、あるいは起きていることを表わす文なので、主語の指示対象に状態変化が起きたことを表わす文であると言えますが、本章では、便宜上、「状態変化」を表わす受身文とは、別扱いにしておきます。) ここで、(31)-(33) の受身文が 3 つの仮説を満たしているかどうかを表にまとめておきます (満たしている場合を ○、満たしていない場合を × とします)。

	総体的ターゲット性制約	主語性格づけ機能	状態変化制約
(31b) ??/*Hamlet was read by John last night.	○	×	×
(31c) Hamlet has been read by millions of people all over the world.	○	○	×
(32b) ??/*Bill was seen by John in front of the door.	○	×	×
(32c) Bill hasn't been seen by anyone recently.	○	○	×
(33b) *Bill was heard by John at the front door.	○	×	×
(33c) Bill talks so softly that he cannot be heard by anyone three feet away.	○	○	×

さて、次の (b) 文の適格性は、(31b), (32b), (33b) の不適格性と興味深い対照を示します。

(34) a. John reviewed the book.
   b. The book was reviewed by John.
(35) a. John hit Bill.
   b. Bill was hit by John.
(36) a. A passerby picked up the purse from the street. (=27a)
   b. The purse was picked up from the street by a passerby. (=27b)

(34)-(36) の (b) の受身文は、主語の指示対象に状態変化がもたらされたことを表わすので、《状態変化制約》を満たしています。

これらの文の適格性は、《状態変化制約》を満たしている受身文は、《主語性格づけ機能》を満たさなくても適格文であることを示しています。ここで、これらの受身文と3つの制約の関係を示すと、次のようになります。

	総体的ターゲット性制約	主語性格づけ機能	状態変化制約
(34b) (35b) (36b)	○	×	○

先に、meet が「出会う」の意味ではなく、「出迎える」の意味なら、次の (37a) が適格となり、marry が「結婚する」ではなく、「(牧師・神父などが) 結婚させる」の意味なら、(37b) (=18) が適格になると述べました。これらの文も、(34b), (35b), (36b) と同様に、《状態変化制約》(と《総体的ターゲット性制約》) を満たしているので、適格となります。

(37) a. Mary was met by John at Harvard Square today.
「メアリーは今日、ジョンにハーバード・スクエアで出迎えられた。」
b. We were married by Father Smith in 1960. (=18)
「私たちは、スミス神父のはからいで 1960 年に結婚式をあげた。」

これで、受身文は、《主語性格づけ機能》か《状態変化制約》のどちらかを満たしていれば、適格となることが明らかになりました。

ここで、《総体的ターゲット性制約》も、「主語の性格づけ」と

無関係ではないことを述べておく必要があります。(31a) のハムレットを読むという動作も、(34a) の、問題の本の批評を書くという動作も、本を総体的ターゲットとしています。しかし、ハムレットを読むという動作と、問題になっている本の批評をするという動作の間には、大きな違いがあります。(31a) の文脈での read は、文字どおり「読む」の意味で、動作主は、本に対して、内容の分析とか、その独創性についての評価とか、他の作品との比較とかの動作を行なっていません。他方、(34a) の review は、動作主が問題の本を読み返し、分析し、その本の、その分野における位置を検討するなど、種々の動作を行なったことを示唆します。一般的に言って、動作主の動作ターゲットに対する動作の度合いが増せば増すほど、そのターゲットの状態に変化が起きる可能性が強くなります。受身文 (31b) が《状態変化制約》を満たさず、受身文 (34b) がこの制約を満たしているのは、この理由によります。実際、同じ read という動詞でも、動作主のターゲットに対する動作の度合いが高いことが明らかな (38a) のような文脈では、その受身文 (38b) が適格となります。

(38) a. Professors Smith and Thomas read the student's paper.
b. The student's paper *was read* by Professors Smith and Thomas. (cf. 31b)

(38a) の read は、「読んで評価する」という意味に解釈できます。この意味での read は、動作主の問題の論文に対する動作性が高いことを表わします。この文の受身形 (38b) が《状態変化制約》を満たして適格文となるのは、そのためであると思われます。

　本章の始めに、受身文は、話し手がその主語の指示対象寄りの視点をとっているときにのみ用いられるという《受身文の主語寄

り視点制約》を想定しました。この制約は、上の3つの制約とどういう関係にあるのかをここで考えてみましょう。次の文を見て下さい。

(39) a.　　John$_i$ often hit his$_i$ younger brother.
　　　b. ??/*John$_i$'s younger brother was often hit by him$_i$.

ジョンの弟（ビルと仮定しましょう）は、ジョンのぶつという動作の総体的ターゲットです。ですから、(39b) は《総体的ターゲット性制約》を満たしています。また、この文は、ジョンの弟がどんな子供であったか（いつも、兄さんにいじめられていた子供）を述べる性格づけ文である、と解釈できます。同様に、人にぶたれれば、状態変化が起きます。したがってこの文は、《総体的ターゲット性制約》、《主語性格づけ機能》、《状態変化制約》を3つとも満たしている文ということになります。それにもかかわらず、この文が不適格、あるいはそれに近い文と判断されるのは、それが《受身文の主語寄り視点制約》に違反しているからです。なぜなら、この文は、ビルを指すのに John's younger brother という表現を用いて、主語（つまりビル）寄りの視点ではなく、ジョン寄りの視点を表わしているからです。この文と、問題の4つの制約の関係をまとめると、次の表のようになります。

	総体的ターゲット性制約	主語性格づけ機能	状態変化制約	主語寄り視点制約	適格性判断
(39b)	○	○	○	×	??/*

(39b) の不適格性は、《受身文の主語寄り視点制約》が、《総体的ターゲット性制約》、《主語性格づけ機能》、《状態変化制約》の3つの制約をパスした受身文がさらにくぐり抜けなければならない難関であることを示しています。

まとめ

以上の考察の結果を以下にまとめて示します。

(40) 他動詞能動文が受身形になるための基本条件

《総体的ターゲット性制約》
能動形他動詞文は、目的語の指示対象が、動詞が表わす動作の総体的ターゲットを表わす場合にのみ、受身形を作ることができる。(すべての受身文が満たさなければならない制約)

違反例： a. *Mary was approached by a speeding car. (=5b)
　　　　b. *The University of Hawaii was quit by Professor Smith in 1960. (=25b)
　　　　c. *The University of Hawaii has been quit by hundreds of faculty members. (=29b)
　　　　「何百人という教員がハワイ大学を辞めた。」
　　　　((c) は、《主語性格づけ機能》を満たしているが不適格)

(41) 受身文は、《状態変化制約》か、《主語性格づけ機能》のどちらかを満たさなければならない。

《状態変化制約》
受身文は、その動詞が表わす動作が、その主語の指示対象の状態に変化をもたらしたことに関心を寄せる構文である。

適格例： a. The purse was picked up from the street by a passerby. (=27b)
　　　　b. Today's mail was delivered by our regular mailman. (=28b)

《主語性格づけ機能》
受身文は、話し手がその主語を性格づけるときに用いられる。

適格例： a. *Hamlet* was read even by John. (=11a)
　　　　b. *Hamlet* has been read by millions of people all over the world. (=11b)

(42) 受身文は、さらに《受身文の主語寄り視点制約》を満たさなければならない。

《受身文の主語寄り視点制約》
受身文は、話し手がその主語の指示対象寄りの視点をとっているときにのみ用いられる。

違反例： a. ??/*John$_i$'s roommate was hit by him$_i$. (=14c)
　　　　b. ??/*John$_i$'s younger brother was often hit by him$_i$. (=39b)

《受身文の主語寄り視点制約》は、上の制約（《総体的ターゲット

性制約》、《状態変化制約》、《主語性格づけ機能》）を満たした文に、さらにフィルターとして適用される制約である。

コラム ②

Go up to と come up to はどこが違う？

Go up to と come up to は、どちらも「...に近づく」（「行く／やって来る」）という意味で同じですが、次のように、適格になる場合と不適格になる場合があります。

(1) a. I *went up to* Mary and told her what had happened.
    b. *I *came up to* Mary and told her what had happened.
(2) a. *Mary *went up to* me and told me what had happened.
    b. Mary *came up to* me and told me what had happened.

話し手がメアリーに近づく場合は、(1a, b) から分かるように、go up to が使われ、come up to は使えません。一方、メアリーが話し手に近づく場合は、(2a, b) から分かるように、come up to が使われ、go up to は使えません。これはなぜでしょうか。

私たちは第2章で、寮のルームメートのジョンとビルがけんかをして、ジョンがビルをぶった場合、話し手がジョンとビルのどちら寄りの視点をとるかによって、この出来事の表現方法が異なることを観察しました。それでは、ジョンがビルに近づく場合はどうでしょうか。この場合、話し手がジョンとビルのどちら寄りの視点をとるかによって、go up to

と come up to が次のように使い分けられます。

John *went up to* Bill.　　　　John *came up to* Bill.

話し手が主語のジョン（つまり、近づく人）寄りの視点をとれば、go up to が用いられ、非主語のビル（つまり、近づかれる人）寄りの視点をとれば、come up to が用いられます。

　ジョンがビルに近づく場合は、2人とも話し手にとって他人ですから、話し手は2人のどちら寄りの視点もとることができます。そのため、John went up to Bill も John came up to Bill も適格です。しかし、話し手自身がビルに近づく場合はどうでしょうか。当然、話し手は自分の視点をとらなければならず、自分より他人寄りの視点をとることはできません。(1a) の I went up to Mary が適格で、(1b) の I came up to Mary が不適格なのはこのためです。つまり、(1a) では、話し手が自分自身の視点をとらなければならず、かつ、go up to も主語、つまり、話し手寄りの視点をとることを話し手に要求するので、これら2つの視点関係が矛盾しません。よって、第2章で観察した《視点の一貫性》が守られています。一方、(1b) では、話し手が自分自身の視点

をとらなければならないのに、come up to が非主語、つまりメアリー寄りの視点をとることを話し手に要求するので、これら2つの視点関係が矛盾しています。よって、《視点の一貫性》に違反しています。

(2a, b) は、メアリーが話し手に近づく場合です。(2a) では、話し手が自分自身の視点をとらなければならないのに、go up to が主語のメアリー寄りの視点をとることを話し手に要求するので、これら2つの視点関係が矛盾します。よって、《視点の一貫性》に違反して、この文は不適格となります。一方、(2b) では、話し手が自分自身の視点をとらなければならず、かつ、come up to が非主語の話し手寄りの視点をとることを話し手に要求するので、これら2つの視点関係が矛盾しません。よって、この文は《視点の一貫性》が守られ、適格となります。

それでは、次の例はどうでしょうか。

(3) a. Mary *went up to* her teacher and told him she had passed the exam.
 b. *Mary *came up to* her teacher and told him she had passed the exam.
(4) a. *John's student *went up to* him and told him she had passed the exam.
 b. John's student *came up to* him and told him she had passed the exam.

メアリーが学生で、ジョンはメアリーの先生だとしましょう。(3), (4) では、メアリー (= ジョンの学生) が先生のジョンに近づいて、試験に受かったことを報告したのですが、メ

アリーを Mary と言い、ジョンを her teacher と言うと、(3a, b) から分かるように、go up to が使われ、come up to は使えません。一方、メアリーを John's student と言い、ジョンを him と言うと、(4a, b) から分かるように、come up to が使われ、go up to は使えません。これはなぜでしょうか。

第2章の《対象詞の視点制約》(p.35) で観察したように、ジョンをメアリーに基づいて her teacher のように表現すると、話し手はメアリー寄りの視点をとっていることになります。(3a) では、go up to がメアリー寄りの視点をとることを話し手に要求し、この要求が her teacher が要求するメアリー寄りの視点と矛盾しません。よって、(3a) は適格です。一方、(3b) では、come up to が非主語の her teacher、つまりジョン寄りの視点をとることを話し手に要求するので、her teacher が要求するメアリー寄りの視点と矛盾し、この文が不適格になります。次に (4a, b) では、メアリーをジョンに基づいて John's student と表現しているので、話し手はジョン寄りの視点をとっていることになります。(4a) では、go up to が主語の John's student、つまりメアリー寄りの視点をとることを話し手に要求するので、この要求が、John's student が要求するジョン寄りの視点と矛盾し、不適格となります。一方、(4b) では、come up to が非主語の him、つまりジョン寄りの視点をとることを話し手に要求し、この要求が John's student が要求するジョン寄りの視点と矛盾しないので、適格となります。

話し手の視点が明示される go up to と come up to のような対照的な動詞は、英語にはほかにあまりありませんが、日本語にはかなり多くあります。たとえば、「〜てやる」と

「~てくれる」がそうで、前者は、話し手の視点が主語寄り、後者は、話し手の視点が非主語寄りの動詞です。そのため、次のような面白い適格性の違いが生じます。

(5) a. 私は花子に本を読んでやった。
    b. *私は花子に本を読んでくれた。
(6) a. *花子は私にピアノを弾いてやった。
    b. 花子は私にピアノを弾いてくれた。

話し手が花子に本を読む場合は、「読んでやった」とは言えても、「読んでくれた」とは言えません。一方、花子が話し手にピアノを弾く場合は、「弾いてくれた」とは言えても、「弾いてやった」とは言えません（このような視点動詞の詳細については、久野（1978）を参照して下さい）。

第3章

受 身 文（2）
―動作主が明示されない受身文―

なぜ受身文を使うの？

あるパーティーでメアリーがワイングラスを床に落とし、割ってしまったとしましょう。ジョンがそれを見て、ガラスの破片を集めるために箒(ほうき)を貸してもらおうと、その家の女主人に話す場合、ジョンは次のどちらを言うでしょうか。

(1) a. *Mary broke* a wine glass.　May I use your broom to clean the glass?
b. A wine glass *was broken*.　May I use your broom to clean the glass?

(=1a)　　　　　　　　　(=1b)

(1a) の Mary broke a wine glass. は、事実を正しく述べた文ですが、ネイティヴ・スピーカーは、普通このようには言いません。(1b) のように、by Mary をつけない受身文を用いるか、Someone broke a wine glass. または、A wine glass broke. と言うのが普通です。これはなぜでしょうか。

　もう1つ、別の状況を考えてみましょう。ある会社で、経営者側が新しいコンピューターを導入することで人員削減を行ない、経営の効率化を計ろうとしていたとします。経営者側がこのことを従業員に伝える際、次のどちらを言うでしょうか。

(2) a. There will be some redundancies as a result of the fact that *we will introduce* new computers.
　　「私たちが新しいコンピューターを導入することで、余剰人員が出ることになります。」
　　b. There will be some redundancies as a result of the fact that new computers *will be introduced*.
　　「新しいコンピューターが導入されることで、余剰人員が出ることになります。」

コンピューターを導入して余剰人員を生み出すのは経営者側ですから、(2a) の能動文は事実を正しく述べた文です。しかし、経営者側が従業員に話すのは、(2a) ではなく、動作主の by us をつけない受身文 (2b) でしょう。これはなぜでしょうか。

　もうお分かりのことと思います。(1a) の Mary broke a wine glass. と言えば、ワイングラスを割ったことに対して、直接メアリーに責任を負わせる表現となり、メアリーに対する思いやりがありません。(1b) のように、by Mary をつけない受身文を用いれば、責任の所在を明らかにしないので、メアリーに対して思いやりのある表現となります。また、(2a) のような能動文を用いると、余剰人員を出すのが自分たち経営者側の責任であることを明示してしまいますが、(2b) の受身文だと、動作主を伏せているので、

責任の所在を棚上げできるわけです。

　以上のように、動作主のない受身文が用いられるには、それなりの理由があります。そして、受身文のうち8割は（つまり5例のうち4例は）、動作主が明示されない受身文であるという報告があります。本章では、動作主のない受身文を調べながら、なぜ動作主が明示されないかの理由を明らかにします。

受身文の機能 — 動作主体をぼかす

　前章で受身文の機能を考え、受身文には次のような機能があることを示しました。

(3) 《主語性格づけ機能》受身文は、話し手がその主語を性格づけるときに用いられる。
(4) 《受身文の主語寄り視点制約》受身文は、話し手がその主語の指示対象寄りの視点をとっているときにのみ用いられる。
(5) 《状態変化制約》受身文は、その動詞が表わす動作が、その主語の指示対象の状態に変化をもたらしたことに関心を寄せる構文である。

　受身文のさらなる機能として、動作主体の影を薄くしたり、動作主体を明示しないことがあげられます。もちろん、この機能は、受身文が、主語の状態変化に関心を向けるという、(5) の受身文の機能から派生するものです。しかし、それをここに特筆して、どういう場合にこの機能が利用されるかを考えてみましょう。まず、前章で考察した次の have を用いた受身文を考えてみましょう。

(6) a. A good time was had by all.

b. A very enjoyable dinner was had by all.

Have の受身文で、動作主体が by を伴って現われている文は、統計的に言ってほとんどすべて by all で、次のような文は見かけません。

(7) a. ??A good time was had by John.

b. ??A very enjoyable dinner was had by John and Mary.

(7a, b) が不適格文に近いことは、ジョン、あるいはジョンとメアリーという特定の人物がしたことが話題になっている文脈で、関心の中心を「楽しい時間」とか「素晴らしい夕食」に移し、ジョン、あるいはジョンとメアリーの影を薄くすることが一般的に難しいことを示しています。一方、(6a, b) は、all が特定人物を指さないので、その動作主体性が弱くなることに対する抵抗が少なく、これらの文が、次のような動作主体が明示されていない文とほとんど同じ意味に解釈されるため、適格になるのだと思われます。

(8) a. A good time was had.

b. A very enjoyable dinner was had.

動作主のない受身文はどのような場合に用いられるか？

次に、動作主を明示しない受身文が、どのような場合に用いられるかを考えてみましょう。まず第1に、動作主が自明で、明示する必要がない場合があります。

(9) a. Five al Qaeda terrorists were arrested in Madrid yesterday.
 b. The bill was passed in the Senate.
 c. In 1998, 300 million tortillas were consumed in Mexico alone.

5人のアルカイダ・テロリストが逮捕されたのなら、逮捕した動作主は、警察に違いありません。また、上院で法令が可決されたのなら、可決した動作主は上院議員に違いありません。同様に、メキシコだけで1998年に3億個のトルティーヤが食べられたのなら、トルティーヤを食べた動作主はメキシコの人々に違いありません。これらの受身文で動作主が明示されていないのは、明示する必要がないからです。

科学的な本や論文の中でも、動作主がその著者であることが自明の場合、動作主を明示しない受身文がよく用いられます。次の文を見て下さい。

(10) a. This book *is written* for two purposes. One is to examine ... (ある本の書き出し)
 b. These questions *are addressed* in this paper through a study of chromosomes. (ある論文の冒頭部分)
 「これらの問題が、この論文では染色体の研究を通して取り組まれる。」
 c. It *was found* in this survey that the total number of occurrences of verbs with this interpretation in the corpora was 40 out of 1,177, or less than 4% of the data. (ある調査の報告)
 「この調査で、この解釈をもつ動詞のコーパス出現総数は、1,177例のうち40例、つまりデータの4%足

らずであることが分かった。」

(10a) で、当該の本が 2 つの目的で書かれているのなら、その本を書いた動作主は、もちろんその著者です。(10b) でも、当該の問題が染色体の研究を通して論文で取り組まれるのなら、取り組む動作主は、その論文の著者です。また (10c) でも、ある調査で何がしかの結果が見つけだされたのなら、見つけた動作主は、その調査をした人に違いありません。したがって、これらの受身文でも動作主が明示されないのは、動作主が自明で、明示する必要がないからです。

一般的に言って、科学的な本や論文では、このように著者を明示しない受身文がよく用いられます。それは、著者を I (または We) として主語位置に置く能動文ばかりを用いると、著者が行なう／行なったという点が強調され過ぎるためだと考えられます。むしろ受身文を用いて、能動文の目的語の指示対象（つまり受身文の主語）に読者の関心の中心を移し、動作主（著者）の影を薄くすることで、科学性がより高まる点を利用したものだと考えられます。

動作主が明示されていない受身文の第 2 のタイプは、動作主が不明の場合です。

(11) a. My car was stolen last night.
b. Their daughter was kidnapped when she was 3.

(11a) では、話し手の車が昨晩盗まれたのですが、誰が盗んだかは分かりません。(11b) でも、彼らの娘さんが 3 歳のとき、誘拐されたのですが、同様にその犯人が分かりません。つまり、動作主が不明のため、示されていないのです。「生成文法」と呼ばれ

る文法理論の初期モデルでは、動作主が明示されていない受身文は、someone を主語とする能動文の受身形から by someone を省略して派生するものと考えられました。そして、(11a, b) のような動作主不明の受身文が、この派生過程の正当化に用いられました。しかし、(9a-c), (10a-c) のような受身文を見ると、明示されていない動作主が、すべて someone ではないことは明らかです。

動作主が明示されていない受身文の第3のタイプは、動作主が明確でも、それを明示すると、動作主の行為に対する責任追及の含意が生じたり（(1b), (2b) 参照)、動作主の行為の誇示の含意が生じてしまうので、それを避けるための機能を果たすという種類のものです。明示されていない動作主は、2人称代名詞（by you）や1人称代名詞（by me）である場合が多くあります。たとえば、大学院の学生とそのアドバイザー（指導教官）が、学生の博士論文を討議しているような状況を考えてみましょう。このような状況で、アドバイザーと学生が次のような発話をしたとします。

(12)　　　Adviser: You should have discussed this problem at the beginning of the thesis.

　　　　　Student: Yes, I did discuss it in Chapter 1.

この対話は、歯に衣を着せない率直な対話ですが、アドバイザーの発話は、批判的トーンが強く、学生の回答は、挑戦的トーンが強いと感じられます。このような「対決」を避けるために、アドバイザーと学生は、同じ内容を次のような動作主不明示の受身文を用いて表わす場合があります。

(13)　　Adviser: This problem should have been discussed at the beginning of the thesis.
　　　　Student: Yes, it was discussed in Chapter 1.

この会話の内容から言って、アドバイザーが使っている受身文で、明示されていない動作主は、2人称代名詞 you 、学生が使っている受身文で、明示されていない動作主は、1人称代名詞 me であることは明らかです。しかし、これらを明示しないことによって、動作主を責任者とする文から、内容に関する文となり、「敬語的」表現になる、というわけです。

　動作主不明示の受身文について、アドバイザーと学生との論文に関する35分間の議論に現われる文型を分析した面白い研究があります。この35分の議論のうち、合計15分は、比較的なごやかな雰囲気で意見の交換が行なわれていますが、残りの20分間は、険悪な雰囲気のうちに議論が戦わされています。分析者の

報告によると、前者の間には、受身形が6回(平均して2分半に1回)しか用いられていないのに対して、後者の間には、受身形が29回(平均して42秒に1回)現われています。これは険悪な雰囲気を和らげるために、アドバイザーも学生も直接相手を批判したり、自分のしたことを誇示したりする文型(能動文)を避け、動作主不明示の受身文((13)参照)を用いて、意見の相違、相手に対する批判の度合いを和らげようと努力していることを示しているものと思われます。

実際にアドバイザーと学生の間でどのような会話が行なわれたか、少し見てみましょう。

(14) Adviser: This, uh, this is *your* formulation of that (=Ackoff's model), by the way. I have never seen a paper where he has actually literally written these out in the choice formulation. All right, I think *that should be pointed out*, or is there a paper where he —

「これはその理論(エイコフの選択モデル)の、君自身の公式化だろう。私は、エイコフ教授が、選択モデルの公式化で、実際文字通り君の言う通りに書いたのを見たことがないよ。このことは、君の論文で断わっておく必要がある。それとも、エイコフ教授が実際そう書いている論文が—」

Student: Yes, there is. *It's referred to there*, Jim.
「ありますよ。私の論文にちゃんと参照してありますよ。」

アドバイザーは、"this is your formulation" と言って、学生に、エイコフ教授が実際に言っていないことを公式化した責任を負わせていますが、それと同時に、"that should be pointed out" という動作主不明示の受身文を用いることによって、断り書きがないことについての聞き手に対する直接的な批判、断り書きをすべきであるという聞き手に対する忠告の直接性を弱めています。他方、学生は、"It's referred to there." という動作主不明示の受身文を用いて、アドバイザーに対する反論を和らげています。この場合、"I referred to it there." と言えば、「(ばかなことを言わないで下さい。)ちゃんと私は、参照しておいたではありませんか。(先生は私の論文を読まなかったのですか。)」という、自己を表面に出した、戦闘的な返事になってしまいます。(学生は、発話の最後で Jim と言っていますが、これは、アドバイザーのファースト・ネームです。日本なら「先生」というところですが、アメリカでは普通、大学院の学生なら自分の先生をファースト・ネームで呼びます。)

次のアドバイザーの言葉も、とても興味深いものです。

(15) You read a lot of stuff and you amalgamated it... it looks like sections of literature that you got into and you got frustrated with the choice model and you went to another set of literature so we dump the whole process. *It didn't really get reflected in anything.*
「君はたくさん文献を読んで、それを総合しているが、調べた文献の箇条書きみたいだ。君は、選択モデルに満足できず、まったく別の文献に走り、最初の文献調べの結果をすべて投げ捨てている。その結果は、この論文のどこにも現われていないじゃないか。」

ここでアドバイザーは、学生のよい点(たくさんの文献を読み、それを総合している点)を言うには、"you" を主語として用い、批判の対象となっている否定的な点には、"you" を用いていません。"We dump the whole process."(「我々は全プロセスを投げ捨てる」)は、もちろん、"You dump the whole process." の意味です。また、"It didn't get reflected in anything."(「それは何にも反映されていない」)は、"You didn't reflect it in anything." の意味です。ここでアドバイザーが "you" を主語とした能動文を用いると、学生に対する批判が強くなり、表面化してしまいます。以上から、アドバイザーと学生が、いかにうまく動作主不明示の受身文を用いて、批判、反論が激烈化するのを避けながら対話を進めているかがお分かりいただけると思います。

まとめ

以上の結果をまとめておきます。

まとめ

動作主不明示の受身文の機能:動作主体をぼかす。

動作主不明示の受身文は、
- (i) 動作主が自明のとき、
- (ii) 動作主が不明のとき、
- (iii) 動作主(おもに、聞き手、話し手)を明示しないことによって、動作主の責任追及、動作主の動作の誇示を避けようとするとき

用いられる。

第4章

自動詞の受身文

自動詞は受身にならない？

　第2章、第3章では、他動詞の受身文を考えましたが、さて、自動詞は受身になるのでしょうか。高校では、（純粋な）自動詞は受身にならないと教えられています。高校生用のある英文法書には、次のように書いてあります。

(1) 受身になるのは<u>他動詞</u>だけである。ただ、「自動詞＋前置詞」でも、laugh at, deal with のような熟語は、ひとつの<u>他動詞</u>と見なせるので、受身にすることができる。

確かに、(1) の記述通り、(2a), (3a) の「自動詞＋前置詞」(laugh at, deal with) の能動文に対応する受身文 (2b), (3b) は適格ですが、(4a), (5a) の自動詞（swim, walk）の能動文に対応する受身文 (4b), (5b) は不適格で、自動詞は受身になりません。

(2) a. Her classmates *laughed at* her.
　　b. She was *laughed at* by her classmates.
(3) a. The police *dealt with* the suspect roughly.
　　b. The suspect was *dealt with* roughly by the police.

(4) a. John *swam* in this river.

b. *This river was *swum* in by John.

(5) a. The dog *walked* under the bridge.

   b. *The bridge was *walked* under by the dog.

(4a), (5a) では、自動詞 swim, walk の後ろの前置詞 in, under は、それぞれ this river, the bridge と結びついて、「この川で」、「橋の下を」という場所を表わしています。つまり、laugh at のような「熟語」とは異なり、swim in, walk under のような熟語はありません。そのため、(4a), (5a) の前置詞の目的語 this river, the bridge を主語にした (4b), (5b) の自動詞受身文は、(1) の予測通り不適格です。

しかし、(4), (5) と同じ自動詞でも、次の (b) の受身文は適格です。

(6) a. You should not *swim* in this river. (cf. 4a)

   b. This river should not be *swum* in.

(7) a. Generations of lovers have *walked* under this bridge. (cf. 5a)

   「何世代もの恋人たちがこの橋の下を歩いた。」

   b. This bridge has been *walked* under by generations of lovers.

(6b), (7b) の自動詞の受身文が適格であることから、(1) の記述は誤りであることが分かります。つまり、他動詞だけでなく、自動詞も受身になるのです。それでは、なぜ、(4b), (5b) の受身文は不適格なのに、(6b), (7b) の受身文は、同じ自動詞が用いられているにもかかわらず、適格なのでしょうか。本章では、この謎を解くことにします。

《総体的ターゲット性制約》

私たちは第2章で、能動形の他動詞文がどのような条件のもとで受身文になるかを考察し、能動形の他動詞文は、まず第1に、次の《総体的ターゲット性制約》を満たさなければならないことを示しました。

> **《総体的ターゲット性制約》**
> 能動形他動詞文は、目的語の指示対象が、動詞が表わす動作の総体的ターゲットを表わす場合にのみ、受身形を作ることができる。(すべての受身文が満たさなければならない制約)

SVO (主語・他動詞・目的語) の他動詞文では、目的語が、多くの場合、動詞の表わす動作の直接対象であり、その目的語の指示対象に対して何かがなされたと解釈されるので、目的語の指示対象は、多くの場合、動詞が表わす動作の総体的ターゲットになります。たとえば、次の (a) の他動詞文を見てみましょう。

(8) a. John hit Bill.
　　 b. Bill was hit by John.
(9) a. John broke the window.
　　 b. The window was broken by John.

(8a) の目的語 Bill は、ジョンの殴るという行為を受ける直接対象であり、その行為の総体的ターゲットです。また (9a) の目的語 the window も、ジョンの割るという行為を受ける直接対象であり、その行為の総体的ターゲットです。よって、(8a), (9a) の他動詞文

は、《総体的ターゲット性制約》を満たしています。

　私たちは第2章で、受身文が適格となるためには、《総体的ターゲット性制約》を満たすだけでなく、次のどちらかの制約も満たさなければならないことを示しました。

> 《状態変化制約》
> 受身文は、その動詞が表わす動作が、その主語の指示対象の状態に変化をもたらしたことに関心を寄せる構文である。

> 《主語性格づけ機能》
> 受身文は、話し手がその主語を性格づけるときに用いられる。

(8b), (9b) の受身文が適格なのは、《総体的ターゲット性制約》に加え、《状態変化制約》を満たしているためです。すなわち、ビルや窓は、殴られたり、壊されたりして、変化を受ける対象です。よって、(8b), (9b) は適格な受身文となります。

　さて、自動詞の受身文では、前置詞の目的語が、動詞の表わす動作の総体的ターゲットになるのでしょうか。つまり、自動詞の受身文は、《総体的ターゲット性制約》を満たすのでしょうか。次の例を見て下さい。

(5) 　a. The dog walked under the bridge.

　　　b. *The bridge was walked under by the dog.

(7) 　a. Generations of lovers have walked under this bridge.

　　　　「何世代もの恋人たちがこの橋の下を歩いた。」

　　　b. This bridge has been walked under by generations of lovers.

前置詞を含む自動詞の SVPO（主語・自動詞・前置詞・目的語）文では、前置詞の目的語の多くが、動詞が表わす動作の直接対象ではないため、前置詞の目的語に対して何かがなされたとは解釈されません。(5a), (7a) では、犬や恋人たちが歩いたのは、橋の下であり、橋そのものには、何もなされていません。そのため、橋は、(5) でも (7) でも、「歩く」という動作の総体的ターゲットではありません。このように、前置詞の目的語の指示対象は、多くの場合、動詞が表わす動作の総体的ターゲットにはなりません。にもかかわらず、(7b) が適格であるということは、自動詞受身文が、他動詞受身文が受ける《総体的ターゲット性制約》を受けないことを示していると考えられます。つまり、この制約は、他動詞受身文に対する制約であり、自動詞受身文には適用しません。

　上記の点は、次のような自動詞受身文が適格であることからも裏づけられます。

(10) a. This mountain was regularly flown *over* by the Air Force.
「この山は、アメリカ空軍が定期的にその上を飛んだ山である。」
b. This lake is not to be camped *beside* by anybody!
「この湖では、誰もそのほとりでキャンプをしてはいけません。」
c. His house is walked *past* by dozens of school children every day.
「彼の家は、毎日、何十人もの児童が通り過ぎている。」

(10a) で、アメリカ空軍は、その山の上を飛んでおり、山自体には何もなされていません。また (10b) でも、人がキャンプをするのは、その湖のほとりであり、湖自体には何もなされていません。

同様に (10c) でも、何十人もの児童が毎日彼の家を通り過ぎているだけで、彼の家には何もなされていません。したがって、これらの文では、問題となっている山や湖、彼の家は、それぞれの動作の総体的ターゲットではありません。それにもかかわらず、(10a-c) の自動詞受身文が適格であることから、自動詞受身文は、他動詞受身文が受ける《総体的ターゲット性制約》を受けないことが分かります。

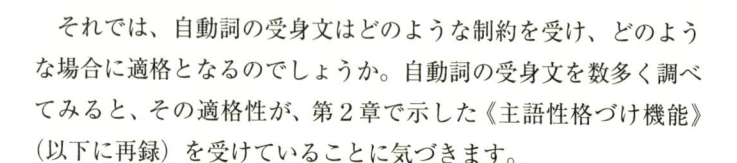

《主語性格づけ機能》

それでは、自動詞の受身文はどのような制約を受け、どのような場合に適格となるのでしょうか。自動詞の受身文を数多く調べてみると、その適格性が、第2章で示した《主語性格づけ機能》（以下に再録）を受けていることに気づきます。

> **《主語性格づけ機能》**
> 受身文は、話し手がその主語を性格づけるときに用いられる。

この点を踏まえて、次の例を見て下さい。

(11) a. *The bridge was walked under by the dog. (=5b)
  b. This bridge has been walked under by generations of lovers. (=7b)

(12) a. *The mountain was flown over by the plane.
  b. This mountain was regularly flown over by the Air Force. (=10a)

(13) a. *The stone was stumbled over by John.

b. This stone will be stumbled over if it's not moved.

これらの例文を説明する前に、まず、これらが《主語性格づけ機能》を満たしているかどうかを表にまとめておきます（満たしていれば ○、満たしていなければ × とし、それぞれの例文の適格性を並記します）。

例　文	主語性格づけ機能	適格性
(11a)	×	不適格
(11b)	○	適格
(12a)	×	不適格
(12b)	○	適格
(13a)	×	不適格
(13b)	○	適格

(11a) で、1匹の犬がある時、橋の下を歩いたという事実は、その橋がどのような橋であるかを何ら述べておらず、その橋の性格づけ、特徴づけに何らなっていません。しかし (11b) で、何世代もの恋人たちがこれまでその橋の下をずっと歩いて（デートをした）という事実は、その橋がどのような橋であるかを特徴づけ、その橋の性格づけとして機能します。つまり、その橋は、デートコースとして有名になり、「恋人橋」とでも呼ばれたりして、性格づけられます。

(12a, b) でも同様で、ある飛行機が山の上をある時飛んだという事実は、その山を他の山から区別するような顕著な事柄ではなく、その山の性格づけとして機能しません。しかし、アメリカ空軍がある山の上を定期的に飛んだという事実は、その山を他の山から際立たせ、その山の性格づけ、特徴づけとして機能します。さらに (13a, b) でも、ジョンがあるとき石につまずいたという事実は、その石がどのような石であるかの性格づけとしては機能せず、その石の特徴を何ら述べるものではありません。しかし、その石を動かさなければ、いずれ誰かがつまずくだろうという記述は、その石が、人のつまずきやすい危ない石であるという、その石の性格づけとして機能します。したがって、(11)-(13) の (a) 文は、《主語性格づけ機能》を満たさず、不適格ですが、(b) 文はこの機能を満たすので、適格となります。

さらに次の例を見てみましょう。

(14) a. *The U. S. has been lived in by Ann.

b. The U. S. has been lived in by generations of immigrants.

(15) a. *This river was swum in by John. (=4b)

b. This river should not be swum in. (=6b)

(16) a. *The lake was camped beside by my sister.

b. This lake is not to be camped beside by anybody! (=10b)

(17) a. *John was traveled with by Mary.
　　 b. Children under ten years old must be traveled with by their parents.

これらの例も同様で、(a) は、《主語性格づけ機能》を満たしていないので不適格、(b) は満たしているので、適格となっています。たとえば、(14a) で、アンという 1 人の人がアメリカに住んでも、それは、アメリカがどのような国であるかを特徴づけておらず、アメリカの性格づけにはなっていません。一方 (14b) で、多くの移民が次々とアメリカに移り住んでいるという事実は、アメリカがどのような国であるかを特徴づけ、アメリカの性格づけとして機能します。さらに、(15a) で、ジョンがその川で泳いだという事実は、その川がどのような川であるかの説明としては不十分であり、その川を性格づけるものではありません。一方 (15b) で、その川について、そこで泳いではならない（たとえば、深くて溺れるかも知れないので）という記述は、その川の性質や特徴を述べており、その川を性格づけることになります。(16a, b), (17a, b) も同様に説明することができます。

　さらに、次の対比についても同じことが言えます。

(18) a. *The pen was written with by John.
　　 b. That pen was written with by Charles Dickens in the 19th century.
(19) a. *The room was walked through by the boy.
　　 b. This room was walked through by the boy before he killed his mother.

(18a, b) で、ジョンがそのペンを用いて何かを書いたとしても、

その事実はペンの性格づけにはなりませんが、イギリスの文豪チャールズ・ディケンズがそのペンを用いたのであれば、その事実はペンの性格づけになります。同様に (19a, b) でも、少年が単にある部屋を通っても、その部屋は何ら性格づけられませんが、少年が自分の母親を殺害する前にその部屋を通ったのであれば、その部屋はその事件に対して重要な役割を担い、その部屋がどのような部屋であるか性格づけられることになります。よって、これらの文の適格性の違いも、《主語性格づけ制約》によって説明されます。

《状態変化制約》

次に、本章の冒頭で触れた「熟語」表現、つまり、laugh at, deal with のような「前置詞句動詞」と呼ばれるものを考えてみましょう。これらの表現の受身文を調べてみると、他動詞の受身文と同様に、受身文の主語が、前置詞句動詞の表わす動作の総体的ターゲットであり、《状態変化制約》(以下に再録) か《主語性格づけ機能》を満たしている場合に適格となることが分かります。

> **《状態変化制約》**
> 受身文は、その動詞が表わす動作が、その主語の指示対象の状態に変化をもたらしたことに関心を寄せる構文である。

まず、次の例を見て下さい。

(20) a. Mary was *laughed at* by her classmates when she sang.
 b. I was *spoken to* by a stranger.

  c. This question will be *dealt with* later in the book.

  d. The target was *aimed at*, but missed.

  e. The bull was *prodded at*.
    「その雄牛はつつかれた。」

  f. The window was *beaten against* by a strange-looking man.

これらの例は、laugh at, speak to, deal with など、自動詞と前置詞が一緒になって、全体として他動詞として機能していると考えることができることからも分かるように、いずれも《総体的ターゲット性制約》と《状態変化制約》を満たしています。たとえば (20a) では、メアリーは、クラスメートが笑う総体的ターゲットであり、クラスメートがメアリーを笑ったという事実は、メアリーの状態変化（すなわち、笑われていない状態から笑われたという結果状態への変化）を表わします。同様に (20b) でも、話し手は、見知らぬ人が話しかける総体的ターゲットであり、見知らぬ人が話し手に話しかけたという事実は、話し手の状態の変化（すなわち、話し手が話しかけられていない状態から話しかけられたという状態への変化）を表わします。また (20c) でも、その問題は議論される総体的ターゲットであり、この文は、その問題が議論されていない状態から議論される状態への変化を表わします。(20d-f) についても同様のことが言えます。よって、これらの文は、《総体的ターゲット性制約》を満たし、さらに《状態変化制約》を満たすので、適格であると説明されます。

 一方、次のような前置詞句動詞の受身文は、《総体的ターゲット性制約》を満たし、さらに《主語性格づけ機能》を満たしているので、適格です。

(21) a. I don't like to be *waited for*. (I always try to be early.)

b. He is heavily *relied on* by his family.

(21a) で、主語の「私」は、人が待つという動作の直接対象であり、総体的ターゲットです。また (21b) で、主語の「彼」は、彼の家族が頼りにする直接対象であり、総体的ターゲットです。よって、これらの文は、《総体的ターゲット性制約》を満たしています。そして、(21a) で、話し手が人を待たせるのが嫌いだという事実は、話し手がどのような人であるかの性格づけとして機能しています。また (21b) で、彼が家族にとても頼りにされているという事実は、彼がどのような人であるかの性格づけとして機能しています。よって、これらの文は、《主語性格づけ機能》を満たしているので適格です。

(21a) とは対照的に、次の文は、wait for という前置詞句動詞を含んでいますが、不適格です。

(22)　　*I was *waited for* by Mary yesterday.

(22) で主語の「私」は、メアリーが待つという動作の直接対象であり、この文は、(21a) と同様に、《総体的ターゲット性制約》を満たしています。しかし、メアリーが話し手を昨日待ったとしても、それは話し手がどのような人であるかを特徴づけたり、性格づけたりはしていません。よってこの文は、《主語性格づけ機能》を満たしていません。さらにこの文は、メアリーが話し手を昨日待ったとしても、そのことによって話し手は何ら変化を受けるわけではありません。よって、この文は、《状態変化制約》も満たしていないので、不適格となります。

まとめ

以上の考察の結果を下にまとめて示します。

> まとめ 1 「自動詞＋純粋な前置詞」の受身文：
> 《主語性格づけ機能》を満たせば適格となる。

適格例： a. This bridge has been *walked under* by generations of lovers. (=7b/11b)
　　　　 b. This mountain was regularly *flown over* by the Air Force. (=12b)
　　　　 c. That pen was *written with* by Charles Dickens in the 19th century. (=18b)

違反例： a. *The bridge was *walked under* by the dog. (=5b/11a)
　　　　 b. *The mountain was *flown over* by the plane. (=12a)
　　　　 c. *The pen was *written with* by John. (=18a)

注　記：《総体的ターゲット性制約》は、他動詞受身文に対する制約であり、これらの受身文には適用しない。

> まとめ 2 熟語的な前置詞句動詞表現の受身文：
> 他動詞受身文と同様に、《総体的ターゲット性制約》を受け、《状態変化制約》か《主語性格づけ機能》のどちらかを満たせば適格となる。

(A) 《総体的ターゲット性制約》を満たし、《状態変化制約》を満たして適格となる場合

適格例：a. Mary was *laughed at* by her classmates when she sang. (=20a)

b. This question will be *dealt with* later in the book. (=20c)

(B) 《総体的ターゲット性制約》を満たし、《主語性格づけ機能》を満たして適格となる場合

適格例：a. I don't like to be *waited for*. (I always try to be early.) (=21a)

b. He is heavily *relied on* by his family. (=21b)

(C) 《総体的ターゲット性制約》は満たしているが、《状態変化制約》も《主語性格づけ機能》も満たさず、不適格となる場合

違反例：　*I was *waited for* by Mary yesterday. (=22)

日本語の受身文

第2章から本章までで、英語の受身文の適格性を説明するには、少なくとも (i)《総体的ターゲット性制約》、(ii)《状態変化制約》、(iii)《主語性格づけ機能》の3つの制約が必要であることを明らかにしました。本節では、日本語の受身文を考える上でも、これら3つの制約が重要な役割を果たしていることを簡単に述べておきます。

まず、次の能動文とそれに対応する受身文を見て下さい。

(23) a. 飛行機が成田空港を出発した。
b. *成田空港が飛行機に出発された。
(24) a. その人工衛星は3回地球を回った。
b. *地球は3回その人工衛星に回られた。

(23a), (24a) の能動文に対応する受身文は、日本語として極めて不自然で、容認されない不適格文です。その理由は、飛行機が成田空港を出発しても、成田空港は飛行機が出発するという動作を受ける直接的な対象ではなく、成田空港には何もなされておらず、成田空港は飛行機が出発するという動作の総体的ターゲットではないためだと考えられます。同様に (24) でも、人工衛星が地球を回っても、地球に対しては何もなされておらず、地球は人工衛星が回るという動作の総体的ターゲットではありません。よって、(23b), (24b) の受身文は、《総体的ターゲット性制約》に違反しているので、不適格であると説明できます。

さらに次の能動文とそれに対応する受身文を見て下さい。

(25) a. 太郎は花子を知っている。
b. *花子は太郎に知られている。
(26) a. 山田君はその番組を見たようだ。
b. *その番組は山田君に見られたようだ。

(25b), (26b) も不適格な受身文ですが、(25) の「花子」は、太郎が知っている直接対象であり、総体的ターゲットです。また (26) の「その番組」も、山田君が見た直接対象であり、総体的ターゲットです。それにもかかわらず、(25b), (26b) の受身文が不適格なのは、第1に、太郎が花子を知っているという事実は、花子の状態変化を何ら表わすものではなく、また、山田君がその番組を見

たことも、その番組の状態変化を何ら表わすものではないためです。そのため、これらの文は、《状態変化制約》に違反しています。さらにこれらの文では、太郎が花子を知っているという事実は、花子を性格づけるものではなく、山田君がその番組を見ても、そのことによってその番組がどのような番組か、性格づけられません。よって、これらの文は、《主語性格づけ機能》にも違反しています。したがって、(25b), (26b) は、これら 2 つの制約に違反しているため、不適格であると説明できます。

このように考えると、次のような受身文がなぜ自然であるか容易に説明できます。

(27) a. 太郎は委員長に任命された。
b. 花子は先生に褒められた。
c. 大きな荷物は船便で送られた。
d. ポスターが電柱からはがされた。
e. 避難命令が出された。

これらの例はすべて、《総体的ターゲット性制約》を満たし、さらに《状態変化制約》も満たしているので、適格です。(27a) で、「太郎」は、任命される総体的ターゲットであり、任命されたことにより状態変化を受けています。(27b) でも、「花子」は、褒められる総体的ターゲットであり、褒められたことにより状態変化を受けています。同様に (27c) でも、「大きな荷物」は、送られる総体的ターゲットであり、送られたことにより状態変化を受けています。そして (27d, e) でも同様のことが言えます。

《主語性格づけ機能》の重要性は、たとえば次のような文の適格性の違いを観察することによって分かります。

(28) a. ＊この本は、昨日太郎に読まれた。
   b. この本は、天皇陛下にも読まれている。
(29) a. ?? この歌は、よく太郎に歌われた。
   b. この歌は、美空ひばりに歌われて、一躍ヒットソングになった。
(30) a. ＊ニューヨークは、去年の夏太郎に訪れられた。
   b. ニューヨークは、毎年、世界中の多くの観光客に訪れられている。
(31) a. ＊アメリカ大陸は、太郎に愛されている。
   b. アメリカ大陸は、1492年、コロンブスによって発見された。

(28a) で、「太郎」という普通の人が、ある時、問題となっている本を読んだとしても、その事実は、その本がどのような本であるかの説明としては不十分です。しかし、(28b) で天皇陛下もその本を読んでいるという記述は、その本が多くの人に読まれ、有名な本であるという、その本の性格づけとして機能しています。同様に (29a) で、太郎が問題となっている歌をよく歌ったとしても、その事実は、その歌がどのような歌であるかの説明としては不十分です。一方、その歌が有名な歌手、美空ひばりによって歌われ、ヒットソングになったという記述は、その歌の性格づけとして機能しています。同様のことが (30a, b), (31a, b) の対比についても言えます。したがって、これらの文の適格性の違いは、受身文の主語が、その文で性格づけられているかどうかに依存しており、《主語性格づけ機能》が日本語の受身文においても重要な役割を果たしていることが分かります。

コラム ③

Call up と call on はどこが違う？

　第4章で、laugh at, deal with, speak to, rely on, aim at, wait for のような「前置詞句動詞」を観察しました。これらのいわゆる「熟語」は、その名前が示す通り、自動詞に「前置詞」がついたものです。さて、この前置詞句動詞と表面上類似しているものに、put on（「身につける」）、take off（「脱ぐ」）、throw away（「投げ捨てる」）、put away（「片づける」）、hand in（「提出する」）、find out（「見つけだす」）、show off（「見せびらかす」）などの熟語があり、これらは「句動詞」（phrasal verb）と呼ばれています。これらは、他動詞に不変化詞（particle）（または副詞）がついたもので、全体として完全な他動詞です。（そのため、句動詞が受身文になると、その適格性に関して、他動詞の受身文と同じ制約（第2章参照）を受けます。）

　それでは、call up（「電話をする」）と call on（「訪問する」）は、前置詞句動詞でしょうか、それとも句動詞でしょうか。前置詞句動詞と句動詞は、どのような点で異なり、どのように見分けるのでしょうか。まず、次の文を見て下さい。

(1) a. I *called up* my teacher.
　　b. I *called* my teacher *up*.
(2) a. I *called on* my teacher.
　　b.*I *called* my teacher *on*.

Call up の場合は、(1b) のように、up を call と離して、目的語 my teacher の後ろに置くことができますから、up は不変化詞です。そのため、call up は、句動詞です。一方、call on の場合は、(2b) のように、on を call と離して目的語 my teacher の後ろに置くことができませんから、on は前置詞です。そのため、call on は、前置詞句動詞です。目的語が代名詞になると、次に示すように、句動詞の場合は、動詞と不変化詞が離れますが、前置詞句動詞の場合は、(2a) と同様に、「動詞＋前置詞」のままでなければいけません。

(3) a. *I *called up* him.
　　b. I *called* him *up*.
(4) a. I *called on* him.
　　b. *I *called* him *on*.

　句動詞と前置詞句動詞を見分ける別の興味深いテストがあります。英語では、(5a) の第2文の動詞が第1文の動詞と同じ場合、(5b) のように、それを省略することができ、このような操作は「穴あけ」(Gapping) と呼ばれています。

(5) a.　John *likes* apples, and Mary *likes* oranges.
　　b.　John *likes* apples, and Mary　φ　oranges.

この操作を句動詞 call up と前置詞句動詞 call on に適用するとどうなるでしょうか。

(6) a. John *called up* his teacher, and Mary *called up* her teacher.
   b. John *called up* his teacher, and Mary ϕ her teacher.
   c. *John *called up* his teacher, and Mary ϕ *up* her teacher.

(7) a. John *called on* his teacher, and Mary *called on* her teacher.
   b. *John *called on* his teacher, and Mary ϕ her teacher.
   c. John *called on* his teacher, and Mary ϕ *on* her teacher.

(6a) の句動詞 call up は、これ全体で他動詞ですから、(5b) と同様に、call up 全体を省略することができます。よって、(6b) が適格で、call のみを省略して up を残した (6c) は不適格です。一方、(7a) の前置詞句動詞 call on は、call が自動詞で、on は、her teacher と前置詞句を成しているため、called on は単一の他動詞ではありません。そのため、(7b) のように、called on を省略することができません。もし省略するとすれば、(7c) のように自動詞の called のみを省略し、前置詞の on は省略しないで残して、her teacher と一緒に発音しなければなりません。ですから call on は、「訪問する」という意味の熟語ですが、構造の上からは、call と on が分かれた形になっています。

この点から分かるように、句動詞は、動詞と不変化詞

の結びつきが強いため、(8a)のように、両者の間に副詞など他の要素を挿入することが一般にできません。一方、前置詞句動詞は、動詞と前置詞の結びつきが弱いので、(8b)のように、両者の間に副詞など他の要素を挿入することができます。

(8) a. *I called *hurriedly* up my teacher.
b. I called *hurriedly* on my teacher.

以上の観察を次にまとめておきます。

	句動詞 (call up) I *called up* my teacher.	前置詞句動詞 (call on) I *called on* my teacher.
分　離	I *called* my teacher *up*. I *called* him *up*.	*I *called* my teacher *on*. *I *called* him *on*.
穴あけ	John *called up* his teacher, and Mary φ her teacher. *John *called up* his teacher, and Mary φ *up* her teacher.	*John *called on* his teacher, and Mary φ her teacher. John *called on* his teacher, and Mary φ *on* her teacher.
副詞挿入	*I called *hurriedly* up my teacher.	I called *hurriedly* on my teacher.

他の句動詞と前置詞句動詞についても、(1)-(4), (6)-(8)で見たのと同じことがあてはまるので、句動詞の put on と前置詞句動詞の laugh at で、以下にその点を示しておきます。

(9) a. I *put on* the sweater.（句動詞）
　　b. I *put* the sweater *on*.
(10) a. I *laughed at* my classmate.（前置詞句動詞）
　　b. *I *laughed* my classmate *at*.

(11) a. *I *put on* it.
　　b. I *put* it *on*.
(12) a. I *laughed at* him.
　　b. *I *laughed* him *at*.

(13) a. John *put on* his jacket, and Mary *put on* her sweater.
　　b. John *put on* his jacket, and Mary ϕ her sweater.
　　c. *John *put on* his jacket, and Mary ϕ *on* her sweater.

(14) a. John *laughed at* his classmate, and Mary *laughed at* her friend.
　　b. *John *laughed at* his classmate, and Mary ϕ her friend.
　　c. John *laughed at* his classmate, and Mary ϕ *at* her friend.

(15) a. *John put *hurriedly* on his jacket.
　　b. John laughed *loudly* at his classmate.

句動詞の put on (「身につける」) は、put the sweater on と言えますが、前置詞句動詞の laugh at は、laugh my classmate at とは言えません。また、目的語が代名詞の場合、put on は put it on のように言わなければいけませんが、laugh at は laugh him at のようには言えません。さらに、put on は全体が「穴あけ」の適用を受けますが、laugh at は laugh のみが穴あけの適用を受けます。そして、put on の場合は、間に副詞が入らないのに対し、laugh at の場合は、間に副詞が入ります。

第5章

二重目的語構文

2つの形は意味も同じか？

中学や高校では、(1a), (2a) のような二重目的語構文が、それぞれ (1b), (2b) のように書き換えられ、両者は同じ意味である、と一般に教えられています。読者の方々も、このような「書き換え」練習を何度も行なったことを覚えておられることでしょう。

(1) a. Mr. Smith *taught* us English.
　　 b. Mr. Smith *taught* English *to* us.
(2) a. Mary *threw* him a ball.
　　 b. Mary *threw* a ball *to* him.

しかし、両者は本当に同じ意味なのでしょうか。(1a, b) では、スミス先生が話し手たちに英語を教えてくれたのですが、その結果、話し手たちは英語に熟達したのでしょうか。あるいは、単に教えてくれたと言っているだけで、英語に熟達したかどうかについては何も示唆していないのでしょうか。二重目的語構文とそれに対応する (1b), (2b) のような文で意味が違うというのは、(2a, b) の him を the fence にしてみると、次のように適格性が異なる点からも明らかです。

(3) 　a. *Mary threw the fence a ball.

b. Mary threw a ball to the fence.

(2a, b) が単に「メアリーは彼にボールを投げた」という意味で違いがないなら、「メアリーはフェンスにボールを投げた」の (3a, b) も、ともに正しい英語になるはずです。しかし、(3b) が適格なのに対して、(3a) は不適格です。したがって、(2a) と (2b)（さらに (1a) と (1b)）は、どこか意味が違っていることになります。いったい、どのような点で両者は意味が違うのでしょうか。ネイティヴ・スピーカーは、それぞれの場面で適切な方を使用しているのですが、どのように両者を使い分けているのでしょうか。本章では、この謎を解くことにします。

情報構造の違い

次の2文を見て下さい。

(4)　a. I gave a watch to Mary.
　　b. I gave Mary a watch.

これらの文を普通のイントネーションで発音した場合、(4a) の話し手は、時計を<u>誰に</u>あげたかを述べようとし、(4b) の話し手は、メアリーに<u>何を</u>あげたかを述べようとしています。つまり、聞き手が知らない情報で、話し手が聞き手に伝達したい情報が文末に置かれています。そして、聞き手がすでに知っている情報は、それより前に置かれています。前者のように、聞き手がまだ知らない情報、あるいは文脈から予測できない情報を「新情報」と言い、後者のように、聞き手がすでに知っている情報を「旧情報」と言います。そして、文を構成する情報は、旧情報から新情報へ

と配列されるのが一般的です。

さて、この点をもとに次の2文を見て下さい。

(5) a. John gave *the book* to *a girl*.
　　　　　旧情報　　　新情報
　　b. ?? John gave *a girl*　*the book*.
　　　　　新情報　旧情報

(5a) の to 〜を用いた文は適格ですが、それに対応する二重目的語構文の (5b) は、文脈がない限り、この文だけでは不自然です (to/for 〜を用いた文を、二重目的語構文との対比で、以下、「to/for 〜を用いた構文」と呼びます)。そのため、両者を単純に書き換えることができないことが分かります。それではなぜ、(5a) は適格で、(5b) は不適格なのでしょうか。The book は定名詞句表現で、聞き手がその指示物を了解しており、その指示物が「ジョンが与えた」という動作の対象になっていることが先行文脈で了解済みである、という解釈を容易に受けることができます。つまり、(5a) の the book は聞き手にとって旧情報を伝達している、と解釈することができます。一方、a girl は不定名詞句表現で、聞き手がその指示対象を了解していませんから、「ジョンがある少女に（何かを）与えた」ということが先行文脈で了解済みである、という解釈を受けることができません。つまり、(5b) の a girl は聞き手にとって新情報を表わしています。そうすると (5a) では、情報が旧情報から新情報へと流れており、情報の流れに合っています。しかし (5b) では、新情報から旧情報へと流れており、情報の流れに反しています。よって適格性に違いが生じることになります ((5b) が適格になるような文脈については、巻末の【付記・参考文献】を参照して下さい)。

それでは、次の文を見てみましょう。

(6) a. John gave *a book* to *the girl*.
    　　　　　　新情報　　　旧情報
　　b. John gave *the girl* *a book*.
    　　　　　　旧情報　　新情報

最初に (6b) を見ると、情報が旧情報から新情報へと流れ、情報の流れに合っているので適格です。しかし (6a) では、新情報から旧情報へと流れていますが、(5b) と異なり適格です。これはなぜでしょうか。

```
基 本 形＝  [s] ＋ [v] ＋ [o] ＋ [to/for 〜]

二重目的語構文＝ [s] ＋ [v] ＋ [o:旧情報] ＋ [o:新情報]
```

それは、to/for 〜を用いた構文と二重目的語構文では、前者が基本形で、後者は、話し手がその基本形を情報の流れに合わせるために、意図的に語順を配列し直した構文であるためです。つまり、ある人が誰かに何かをあげたことを述べる場合、話し手が基本形を用いると、新情報／旧情報に係わりなく、あげた物を直接目的語の位置に置き、あげた人を to 〜の位置に置かざるを得ません。よって、(6a) は情報の流れに反していても、それは話し手が意図的に違反したものではないので適格となります（この場合話し手は、a book にストレスを置き、それが新情報であることを

聞き手に伝達します)。一方、二重目的語構文は、話し手が意図的に語順を換え、間接目的語より直接目的語の方がより新しい情報(新情報)であることを示す構文です。それにもかかわらず、二重目的語構文の (5b) では、話し手が意図的に情報の流れに違反し、新情報を旧情報より前に置いているので、この文は不適格となるわけです。

以上の説明をもとに、次の文章を読んでみましょう。これは、エバンズさん (Mrs. Evans) という人が、ある日映画を見ていてのどが乾いたので、休憩時間にアイスクリームかソフトドリンクを買おうと思い、売り場に行き、そのあと次のように続く文章です。子供が店員の言った言葉の意味を取り違えたユーモラスな話ですが、2つの ｛ ｝の部分には (a) と (b) のどちらがそれぞれ入るでしょうか。

(7) Quite a lot of the audience were waiting to buy ice-creams from the girl who was selling them, so Mrs. Evans waited for her turn. There was a small boy in front of her. When it was his turn, he ｛ a. *offered the girl a dollar* / b. *offered a dollar to the girl* ｝ and asked for an ice-cream, but they cost two dollars, so the girl said, "I want another dollar, please." The small boy put the dollar back in his pocket, put his hand in another pocket, took out another dollar and ｛ a. *offered the girl that* / b. *offered that to the girl* ｝. Mrs. Evans was so amused that she paid the other dollar herself.

最初の ｛ ｝には、(a) の二重目的語構文 offered the girl a dollar が入ります。なぜなら、ここでは、その子供が売り場の女性に何を差し出したかを述べようとしているからです。「何を」に当た

るものが新情報（a dollar）で、文末に来ています。(b) の offered a dollar to the girl は基本形ですから、これも間違いではありませんが、情報の流れに合った (a) の方が適切です。一方、2つ目の ｛ ｝ には、(b) の offered that to the girl が入ります。なぜなら、ここではその子供が、取り出した１ドルを誰に差し出したかを述べようとしているからです。そして、that のような代名詞は、聞き手（読者）がその指示対象を理解できる旧情報のうちでも、最も旧い情報ですから、(a) の offered the girl that とは言えません。

目的語の指示対象は全体的影響

本章冒頭の Mr. Smith taught us English. と Mr. Smith taught English to us. 等の違いを考えるために、まず次の文を見て下さい。

(8)　a.　He swam the river.

　　　b.　He swam *in* the river.

(9)　a.　He flew the sky.

　　　b.　He flew *to* the sky.

(8a), (9a) では、the river, the sky が動詞 swam, flew の直接目的語で、動詞と隣接しています。一方 (8b), (9b) では、前置詞の in, to が入り、動詞と the river, the sky が隣接していません。(8a) は、「彼は川を泳いで渡った」（あるいは、「川を上流から下流へ（下流から上流へ）かなりの距離を泳いだ」）という意味ですが、(8b) は、「彼は川で泳いだ」という意味です。そのため、前者では、直接目的語の「川」が、彼の泳ぎの全体的影響を受けていると解釈されるのに対し、後者では、彼がその川（のどこか一部）で泳いだだけなので、その川は彼の泳ぎの影響を全面的には受けてい

ないと言えます。

He swam the river.　　　He swam in the river.

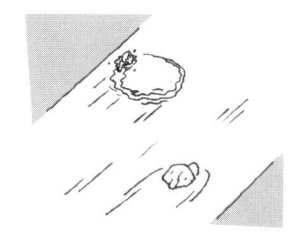

同じことが (9a, b) にも言えます。(9a) は、「彼は飛行機で空を飛んだ」という意味ですが、(9b) は、「彼は飛行機で空へ飛んで行った」という意味です。つまり、前者では、直接目的語の the sky が、飛ぶという行為の影響を全体的に受けていると解釈されるのに対し、後者では、彼が空へ飛んで行っただけなので、空は飛ぶという行為の影響を全面的には受けていないと言えます。このような違いは、日本語でも、「大空を飛行する」と「大空で飛行する」、「廊下を走る」と「廊下で走る」などの違いにも見られます。したがって、一般的な傾向として、目的語の指示対象は、動詞が表わす行為の影響を全体的に受けるのに対し、to the sky の the sky などは、そのような行為の影響を部分的にしか受けないと考えられます。

次の文でも同様の違いが見られます。

(10) a. John sprayed *the wall* with paint.
　　　b. John sprayed paint on *the wall*.

Spray, load, splash, butter, smear などの動詞は、場所を表わす句

(the wall) を (10a) のように目的語にすることも、(10b) のように前置詞句にすることもできます。しかし、the wall が目的語の (10a) では、ジョンが壁全体にペンキを吹き付けたと解釈されるのに対し、the wall が前置詞句で、動詞から離れている (10b) では、ジョンが壁の一部にのみペンキを吹き付けていても構いません。つまり、the wall が目的語の場合は、壁が、ペンキを吹き付けるという行為の全体的影響を受けていることになります。

次の例文では、上記の違いがさらに際立って現われています。

(11) a. *John loaded *the truck* with some books.

b. John loaded some books onto *the truck*.

(11a) では、the truck が目的語なので、「積む」という行為の全体的影響を受け、トラックが本で一杯になっていると解釈されます。そのため、積んだものが「あまりたくさんではない本」では意味が矛盾するので、不適格です。一方 (11b) では、the truck が前置詞句の一部なので、全体的影響を受けず、「あまりたくさんではない本」でも適格となります。

二重目的語構文にも同様の事柄があてはまると考えられます。次の (a) の二重目的語構文はどちらも不適格で、(b) のように to ～を用いて表現しなければなりません。

(12) a. *The pitcher threw the fence a ball. (cf. 3a)

b. The pitcher threw a ball to the fence. (cf. 3b)

(13) a. *I sent Boston the letter.

b. I sent the letter to Boston.

(12a), (13a) の二重目的語構文では、the fence, Boston が（間接）

目的語で、動詞に隣接しています。そのため、ピッチャーがボールを投げたり、話し手が手紙を送ったりする行為の影響を全面的に受けることになります。しかし、人がボールや手紙を受け取るのとは違い、大きなフェンスのどこかにボールが投げられたり、大きな町ボストンのどこかに手紙が送られても、フェンスやボストンは何ら影響を受けるわけではありません。つまり、フェンスやボストンは、(間接)目的語であるにもかかわらず、動詞の表わす行為の全体的影響を受けていません。よって、(12a), (13a) は不適格だと考えられます。そのため、(12b), (13b) のように、フェンスやボストンは、ボールを投げる方向、手紙を送る方向を示す to を伴った前置詞句で表現されなければなりません。

(12a), (13a) がどうして不適格な文であるかについての上の説明が正しいことは、次の文が適格であることから証明されます。

(14) 　　(When Parliament passed the Boston Port Act closing the harbor, other colonies rose in support.) Charleston sent Boston money and rice.
「(議会がボストン港条例を通過させて港を閉鎖したとき、他の植民地が立ち上がって援助の手を差し伸べた。)チャールストンはボストンに資金と米を送った。」

個人がボストンに手紙を送る場合とは異なり、ある植民地がボストンに援助資金、食料を送れば、ボストン全体がその行為の影響を受けることになります。(14) の二重目的語構文が (13a) と同じ動詞、同じ(間接)目的語を用いているにもかかわらず完全に適格な文であるのは、この理由によるものと考えられます。(13a) の不適格性、(14) の適格性は、二重目的語構文は、(間接)目的語の指示対象が、動詞が表わす行為の全体的影響を受けるときに

だけ使うことができる構文である、という仮説の強い裏づけを提供しています。

意味の違い

それでは次に、本章の冒頭でも示した次のような文を見てみましょう。

(15)　a.　John taught Mary English.
　　　b.　John taught English to Mary.

上の２つの文には、その含意に微妙な違いがある、と言われています。すなわち、二重目的語構文の (15a) には、「ジョンがメアリーに英語を教えた」結果、メアリーが英語を学んで身につけた、という含意があるのに対して、(15b) には、そのような含意がない、という違いです。この違いは、前節で観察したように、二重目的語構文は、（間接）目的語の指示対象が、動詞が表わす行為の影響を全体的に受けるときにのみ用いられるという条件に起因しているに違いありません。つまり、(15a) では、メアリーが「ジョンが英語を教えた」という行為の影響を全体的に受けたことが含意されていますが、(15b) にはそのような含意がない、ということになります。(15a) にあって (15b) にない「メアリーが英語を身につけた」という解釈は、この「全体的影響」の含意に起因するものだと考えられます。

同じような微妙な違いが、次の文にもあてはまると判断する話し手がいます。

(16)　a.　John sent Mary a letter.

b. John sent a letter to Mary.
(17) a. Mary showed her mother the photograph.
   b. Mary showed the photograph to her mother.

(16a) では、Mary が（間接）目的語なので、ジョンが手紙を送った結果、その影響を全面的に受けて、手紙を受け取っていると解釈する話し手がいます。一方 (16b) では、Mary が前置詞句の一部なので、全体的影響を受けず、単に手紙の宛先としてのみ機能しています。したがって、そのような話し手は、メアリーがジョンの送った手紙を受け取ったかどうかまでは分からないと判断します。同様に (17a) では、目的語の「母親」は、メアリーが写真を見せた結果、実際にその写真を見たという点が示唆されるのに対し、(17b) では、前置詞句の一部なので、何かの理由でメアリーが見せた写真を見なかった可能性もあり、確実に見たとまでは言い切れないと解釈する話し手がいます（ただ、(16a), (17a) と (16b), (17b) のこのような違いは微妙なので、そのような違いを感じないと判断する話し手もいますし、また方言差もあります）。

　上記のような違いは、次のような例でははっきりしています。

(18) a. *I cleared him the floor.
   b. I cleared the floor for him.
(19) a. *I washed him the window.
   b. I washed the window for him.

これらの例では、話し手が彼のために床を片付けたり、窓を洗ったりしています。しかし、話し手がそのような行為を行なっても、彼はその結果、その床や窓を所有するわけではありません。よって、(a) の二重目的語構文は不適格です。むしろ話し手は、

彼のためにそのような行為を行なっただけなので、(b) のように、him は for を伴う前置詞句で表現されなければなりません。

ここで面白いことに、二重目的語構文の (18a) は不適格ですが、この文を次のようにすると適格になります。

(20) 　　I cleared him a place to sleep on the floor.

ここでは、話し手が床の眠る場所を彼のために片付けてやっており、彼はその片付けられた床のスペースを眠るために「所有」することになります。よって、(20) が適格になると考えられます。

以上の考察から次の事柄が分かります。二重目的語構文は、動詞の表わす行為の結果、間接目的語の指示物（たとえば John sent *Mary* a letter なら Mary）が直接目的語の指示物（たとえば John sent Mary *a letter* なら a letter）の受領者（所有者）となり、前者が後者を受け取る（所有する）という点を強調する構文です。一方、to 〜を用いた構文は、前置詞 to が方向を表わすことから分かるように、主語の指示物（たとえば *John* sent a letter to Mary なら John）がある物（直接目的語の指示物で John sent *a letter* to Mary なら a letter）をどこに移動させたかを強調する構文です。この点から、両構文の基本的意味は次のように示されます。

> ### 《二重目的語構文》
> 「X が Y に Z を受け取る (所有する) ようにする」

> ### 《to 〜を用いた構文》
> 「X が Z を Y の方へ移動するようにする」

《二重目的語構文》は、John (X) sent Mary (Y) a letter (Z) を例にとると、John (X) が、Mary (Y) に a letter (Z) を受け取るようにすることを表わします。一方、《to 〜を用いた構文》は、John (X) sent a letter (Z) to Mary (Y) を例にとると、John (X) が、a letter (Z) を Mary (Y) の方へ移動するようにすることを表わします。

一方、二重目的語構文が、to 〜ではなく、for 〜を用いた構文に対応する場合を考えてみましょう。

(21) a. John *bought* Mary a bicycle.
　　 b. John *bought* a bicycle *for* Mary.
(22) a. I'll *get* you some good medicine.
　　 b. I'll *get* some good medicine *for* you.

For 〜を用いた (21b), (22b) のような構文は、for が、「(ある人の) ために」という意味で、利益を受ける対象を表わすことから分かるように、主語の指示物がある行為を誰の利益のために行なうかを強調する構文です。したがって、この構文の基本的意味は次のように示されます。

> **《for 〜を用いた構文》**
>
> 「X が Z の（利益の）ために Y を行なう」

《for 〜を用いた構文》は、John (X) [bought a bicycle] (Y) for Mary (Z) (=21b) を例にとると、John (X) が Mary (Z) の利益のために、「自転車を買う」(Y) という行為を行なったことを表わします。

一方、for 〜を用いた構文に対応する二重目的語構文（たとえば (21a), (22a)）は、to 〜を用いた構文に対応する二重目的語構文と同様に、主語指示物が行なう行為の結果、間接目的語の指示物が直接目的語の指示物の受領者（所有者）となり、前者が後者を受け取る（所有する）という点を強調する構文です。したがって、John bought Mary a bicycle. (=21a) を例にとると、ジョンがメアリーに自転車を買ってやった結果、メアリーはその自転車を自分のものとして所有することになる点が強調されます。

同じ動詞でも適格性に違い

二重目的語構文がもつ意味により、同じ動詞が用いられても、適格性に違いが生じる場合があります。次の例を見て下さい。

(23) a. Mother *fixed* us lunch.（作る）
     b. *Mother *fixed* us the old clock.（修理する）
(24) a. John went downtown and *opened* us a bank account.（(銀行口座を) 開く）
     b. *John *opened* Mary the door.（開ける）

(23a) の fix は「（ランチを）作る」という意味ですが、(23b) の

fix は「(時計を) 修理する」という意味です。前者では、母が作ったランチを話し手たちが所有するので、二重目的語構文が適格です。一方、後者では、母が修理した古時計を話し手たちが所有するわけではないので、二重目的語構文は使えず、Mother fixed the old clock *for* us. と表現しなければいけません。同様に、(24a) の open は「(銀行口座を) 開く」という意味であり、その新しく開いた口座を話し手たちが所有するので、(24a) は適格です。一方、(24b) の open は「(ドアを) 開ける」という意味で、その開けられたドアをメアリーが所有するわけではないので、(24b) は不適格です。そのためこの文は、John opened the door *for* Mary. と表現しなければいけません。

「give 型」動詞と「buy 型」動詞

二重目的語構文に用いられる動詞は、(25a-f) のように to 〜を用いた構文に対応するものと、(26a, b) のように for 〜を用いた構文に対応するものとに大別されます（さらに of 〜に対応する ask などもあります）。

(25) a. 授与動詞：give, lend, pass, pay, sell, serve, lease, ...
　　 b. 送付動詞：send, mail, ship, forward, post, ...
　　 c. 投与動詞：throw, pitch, hurl, kick, toss, ...
　　 d. 伝達動詞：tell, read, write, telephone, ...
　　 e. 運搬動詞：bring, take, carry, drag, ...
　　 f. 将来の所有動詞：promise, assign, leave, ...
(26) a. 創造動詞：make, build, cook, knit, bake, fix, pour, sew, arrange, ...
　　 b. 獲得動詞：buy, get, find, steal, order, catch, earn, grab,

fetch, gain, pick, ...

　中学・高校では、(25a-f) の動詞が「give 型」、(26a, b) の動詞が「buy 型」と呼ばれ、それぞれの動詞が書き換えの際、to と for のどちらをとるか覚えるよう強いられます。しかし、give 型の動詞と buy 型の動詞は、基本的な意味が異なるために、異なる前置詞をとるわけですから、両タイプの動詞の基本的意味を理解しておけば、それぞれの動詞が to と for のどちらをとるか盲目的に暗記する必要はないはずです。両タイプの動詞はどのような点で異なるのでしょうか。

　Give 型の動詞は、次に示すように、ある対象物 (Z) を X が Y に移動させることを表わす「対象物移動動詞」です。

(27)

Give 型の動詞、たとえば give, lend, pass, pay, sell, send, mail, throw, tell, read, bring, take, carry, promise, bequeath 等を考えてみると、ある人が誰かに何かをあげたり、貸したり、渡したり、支払ったり、売ったり、送ったり、郵送したり、投げたり、言ったり、読んだり、持ってきたり、持って行ったり、運んだり、約束したり、遺言で譲るようにしたりして、(27) の図が示すように、ある人 (X) が何か (Z) を誰か (Y) に移動するようにしています。つまり、give 型の動詞は、これら 3 つの要素を必要とする動詞であり、こ

のような動詞を「3項動詞」と呼びます。したがって、(主語のXが欠けるともちろん許されませんが) ZやYが欠けると次のような不適格な文になります ((28a) のような文は、直接目的語がないので、一般に不適格ですが、He gives to charities のように、直接目的語がなくても適格な文もあります)。

(28) a. *John gave to Mary.(「何を」が不足)
　　 b. *John gave a book.(「誰に」が不足)

Give 型の動詞は、ある対象物が X から Y へ移動することを表わし、Y が対象物の移動先となるので、前置詞の to をとるわけです。

一方、buy 型の動詞は、ある人がある行為を行なうことを表わす「行為動詞」です。そのため、3つの要素を必ずしも必要とせず、次に示すように、主語と直接目的語だけで適格となります。

(29) a. John bought a ring.
　　 b. John cooked fish.
　　 c. John built a house.

John bought a ring.

したがって buy 型の動詞は、give 型の動詞が3項動詞であるのに対し、「2項動詞」です。

ただ、私たちの社会では、たとえば、ある人が指輪を買うのが、自分のためではなく、誰か他の人にあげるためであったり、ある人が魚を料理するのが、自分のためではなく、誰か他の人に食べてもらうためであったり、また、ある人が家を建てるのが、自分のためではなく、誰か他の人のためである場合があります。このような場合に、(29a-c) の動詞 buy, cook, build は、その受益者を間接目的語にして二重目的語構文をとります。

John bought Mary a ring.

そして、これらの動詞を含む二重目的語構文が書き換えられると、受益者は for 〜で表わされるため、前置詞は for をとることになります。

> **まとめ**
>
> Give 型動詞 = 3 項動詞 = to がつく構文
>
>   a. John gave Mary a book.
>
>   b. *John gave to Mary.　*John gave a book.
>
>   c. John gave a book *to* Mary.
>
> Buy 型動詞 = 2 項動詞 = for がつく構文
>
>   a. John bought Mary a book.
>
>   b. John bought a book.
>
>   c. John bought a book *for* Mary.

コラム ④

John donated the museum a painting. は本当に「間違い」か？

第5章で、二重目的語をとる動詞として、give, lend, hand のような授与動詞、send, mail, ship のような送付動詞、tell, read, show のような伝達動詞、make, build, cook のような創造動詞、buy, get, catch のような獲得動詞を見ました。しかし、同じような意味を表わす (1), (2) の動詞は、二重目的語をとらず、(1) の動詞は to ～を用いた構文のみで、(2) の動詞は for ～を用いた構文のみで用いられるとこれまで言われてきました。

(1) a. 授与動詞：donate, present, contribute,...
    b. 送付動詞：deliver, transport,...
    c. 伝達動詞：explain, repeat, announce, describe, confess, propose, report, mention,...
(2) a. 創造動詞：construct, create, design, devise,...
    b. 獲得動詞：purchase, obtain, collect,...

Give, send, tell, make, buy のような二重目的語をとる動詞と、(1), (2) の動詞を比べて気づくことは、前者の動詞が1音節の短い単語なのに対し、後者の動詞は、どれも2音節以上の、比較的長い単語だという点です。前者の動詞は、語源的に英語の本来の起源であるゲルマン系の動詞ですが、後者の動詞は、フランス語から入ってきたラテン語系の動詞です。フランス語から借入語として英語に入ったこのような

動詞は、もともと受領者を前置詞の à(英語の to) でマークし、V + NP + à (to) + NP の形をとっていたので、この形が英語でもそのまま用いられるようになり、二重目的語構文の形では用いられませんでした。そのために、次のような文は、これまで不適格であるとされてきました。

(3) a. *John *donated* the museum a painting.
   (cf. John *donated* a painting *to* the museum.)
   b. *Chris *purchased* her some food.
   (cf. Chris *purchased* some food *for* her.)

しかし、近年、この状況が随分と変わってきているようです。確かに、(3a, b) のような文をネイティヴ・スピーカーに見せると、彼らの多くは、これらの動詞の二重目的語用法がこれまで規範的には認められなかったことを知っているので、「不適格である」と答えるかも知れません。しかし、実際の日常生活では、多くのネイティヴ・スピーカーが、(1), (2) の動詞の多くを (3a, b) のような二重目的語用法で用いています。次の文はいずれも、インターネットのウェブページ等で用いられた実例です。私たちは念のため、これらの例をネイティヴ・スピーカーに見せましたが、彼らはこれらの文をいずれも自然であると判断しました。

(4) a. We *donated* them a few dollars each month …
   b. The students *presented* the Museum a gift of 1000 origami cranes, a traditional Japa-

nese symbol of peace.

(5) a. The answering machine was helpful enough to *repeat* me the number I had just dialed.
「留守録装置は、私が電話をかけた番号を私に繰り返してくれて役に立った。」

b. He *described* me the whole scene.

(6) a. His father (an architect) has *constructed* him a spectacular observatory.
「建築家である彼の父は、彼に素晴らしい観測所を作ってくれた。」

b. We also *designed* them a simple accommodation enquiry form …
「私たちは彼らに簡単な宿泊設備質問用紙を作った。…」

(7) a. We *purchased* him a used Yamaha PW50.

b. That evening the Rostovs went to the opera, for which Marya Dmitryevna had *obtained* them a box.
「その晩 Rostov 伯爵と娘たちは、オペラに行った。Marya Dmitryevna が、彼らのためにそのオペラのます席を手に入れてくれたのだった。」

(4)-(7) の例でも観察されることですが、(1), (2) の動詞が二重目的語をとる場合、間接目的語が代名詞である方が、そうでない普通の名詞の場合よりも自然であると判断されます。また、次の (a) の能動文より (b) の受身文の方が、自然であると判断されます。

(8) a. I presented John the evidence.
　　b. John was presented the evidence.
(9) a. I explained John the situation when he arrived.
　　b. John was explained the situation when he arrived.

この点は、受身文だと、能動文の間接目的語が主語になり、目的語は直接目的語1つだけで、通例の他動詞文と類似しているように見えるためでしょう。

(1), (2) の動詞が、最近多くのネイティヴ・スピーカーによって、二重目的語構文の形で用いられていると言っても、これらの動詞が一様に二重目的語用法で用いられているわけではないという点に注意が必要です。ネイティヴ・スピーカーに尋ね、さらに実際の用法を調べてみると、(1), (2) にあげた動詞は、現在ではおよそ次の3つに分かれるようです。

(10) 　二重目的語をとる形で普通に用いられる動詞：donate, present, explain, repeat, describe, construct, create, design, purchase, obtain
(11) 　二重目的語をとるが、受身形で用いられたり、あまり普通には用いられない動詞：deliver, propose, mention, collect
(12) 　二重目的語をとらないか、とっても稀な動詞：contribute, transport, announce, confess, report, devise

それではなぜ、これまで一律に二重目的語をとらないと言

われてきた (1a-c), (2a, b) の動詞が、このように変わってきているのでしょうか。それは、(10)（および (11)）にあげた動詞は、give, mail, tell, make, get, buy のようなゲルマン系の動詞と類似した意味をもっているためだと考えられます。つまり、二重目的語構文の形式が、二重目的語をとる最も一般的な動詞から、時が経つにつれて、それらの類義語へ「拡張」していくプロセスだと考えられます。(10) の動詞を見てみると、donate, present は give と、explain は tell と、construct は build と、create, design は make と、purchase は buy と、そして obtain は get と意味が類似しています。一方、repeat は「再び言う」、describe は「細かく言う」のように、tell とは意味が多少異なります。つまり、少しずつ意味が一般的なものから限定的、特定的になっています。よって、ネイティヴ・スピーカーの中には、repeat, describe が二重目的語をとると、present, construct, purchase などが二重目的語をとるより適格性が低いと判断する人もいます。次に、(11) の動詞を見てみると、ゲルマン系の二重目的語をとる動詞との意味の類似性が、(10) の動詞より低くなっています。もちろん、(11) の動詞の中でも、collect は get と、mention は tell と意味がかなり類似していますが、deliver や propose は、意味が限定され、send や tell とは意味の類似性が少なくなっています。よって、前者の二重目的語構文の方が、後者の二重目的語構文より自然であると判断される傾向にあります。さらに (12) の動詞を見てみると、意味がさらに限定され、ゲルマン系の二重目的語をとる動詞の意味との類似性が少なくなっています。よって、これらの動詞が二重目的語をとると、不自然、不適格であると判断されるものと考えられ

第5章　二重目的語構文　125

ます。

　最後に、air-freight(「航空貨物で送る」)、FedEx(「フェデックス便で送る」)、UPS(「UPS 便で送る」)について述べておきます。Air-freight は、もともと「航空貨物便」という名詞でした。また、FedEx は、Federal Express(「フェデラル・エクスプレス」(米国の宅配便会社))の省略形で、これももともとは名詞でした。同様に、UPS も United Parcel Service(「ユナイテッド・パーセル・サービス」(米国の小口貨物輸送会社))の省略形で、もともと名詞でした。それが、動詞としても用いられるようになり、mail や ship とは輸送手段が異なるものの、ある物をどこかに送るという点では意味が共通しているので、次のように二重目的語をとる形で用いられるようになりました。

   (13) a. They *air-freighted* us a new one.
            「彼らは私たちのところに新しいのを航空貨物便で送ってくれた。」
        b. I *FedExed (fedexed)* John the documents.
            「私はジョンにその書類をフェデックス便で送った。」
        c. Some time back, my Mom had *UPSed* me a keyboard synthesizer for Xmas.
            「以前母が私にクリスマスプレゼントにキーボード・シンセサイザー(ピアノのような鍵盤で演奏する電子楽器)を UPS 便で送ってくれた。」

(13a-c) は実例で、これら3つの動詞の二重目的語用法は、多くのネイティヴ・スピーカーに広く用いられています。

第6章

使役文（1）
―Make と Get を中心に―

"It *made* me smile" と "*Let* it snow"

日本語の「～させる」という使役の意味は、英語ではさまざまな動詞で表現されます。カーペンターズの歌 "Yesterday Once More" の中の歌詞 It made me smile（や It can really make me cry）の make、ビートルズの歌 "Let it be" やクリスマスソングとしてよく歌われる "Let It Snow! Let It Snow! Let It Snow!" の let などは、その典型的なものです。

(1)
When I was young	若い頃には
I'd listen to the radio	よくラジオを聞いていたわ
Waitin' for my favorite songs	好きな曲を待ちながら
When they played I'd sing along	その曲がかかると一緒に
It made me smile	口ずさんだりしたわ
	楽しい気分になるのよね

(2)
Oh, the weather outside is frightful,	ああ、外はひどい天気
But the fire is so delightful,	でも暖炉の火はとても暖か
And since we've no place to go,	どうせ私たちは
Let it snow, let it snow, let it snow.	行く所もないし
	雪よ降れ、降れ、雪よ降れ

「～させる」は、make や let だけでなく、さらに get や have を用いても表現されます。しかし、これらの動詞の間には、いったいどのような違いがあるのでしょうか。ネイティヴ・スピーカーは、これらをどのように使い分けているのでしょうか。本章と次章では、この問題を明らかにします。

高校の英語の授業では、make, get, let は、それぞれ次のような意味であると教わりました。

(3)

使役動詞	意　　　　味
make	（相手を）強制して無理やり～させる
get	（相手を）説得して～させる
let	（相手がしたいのを）許容して～させる
have	?

しかし、have はどのような意味で、どのような場合に用いられるのか、よく分からなかったのを今でも覚えています。それは、have が、「使役」の意味だけでなく、「経験」の意味ももっていて、その多様な用法に混乱させられたからかも知れません。読者の方々はいかがでしょうか。本章では、次節で、この have の2つの用法について整理しておきます。そして、そのあと、使役動詞の make と get に焦点を当て、これらがどのような場合に使われるかを明らかにします。

次章では、使役動詞の have と let に焦点を当てて考察します。

Have が表わす2つの意味

Have は一般に、「～を持つ（持っている）」という意味を表わ

しますが、次のような文型で用いられる have は、(4) では「使役」、(5) では「経験」の意味を表わします。

(4) a. The teacher *had* his students write two papers.（使役）
「先生は、学生に論文を2つ書かせた。」
b. The coach *had* the players run for another hour.（使役）
「コーチは、選手たちにもう1時間走らせた。」
(5) a. I *had* someone pick my pocket on a jam-packed train yesterday.（経験）
「私は昨日、満員電車の中で誰かにすられた。」
b. For the first time ever in my life, I *had* someone threaten to kill me tonight.（経験）（実例）
「私は生まれて初めて、今晩殺すぞと脅された。」

(4a, b) の have は、「書かせた」、「走らせた」という意味から分かるように、先生やコーチが学生や選手たちにそれぞれある行為をさせたという、「使役」の意味を表わします。他方、(5a, b) の have は、「すられた」、「脅された」という意味から分かるように、話し手がある事象を被った、経験したという、「経験」の意味を表わします。

しかし、(4a, b), (5a, b) を見て気づくことは、have 自体はあくまでも「～を持つ」という所有の意味を表わし、主語指示物が、目的語以下で述べられている事象を意図的に持てば、使役の意味となり、非意図的に持てば、経験の意味になるという点です。学生が論文を2つ書くという事象を先生が引き起こす、言い換えれば、意図的に持てば、「使役」の意味になります。一方、話し手が、誰かが財布を盗むという事象を被れば、言い換えれば、話し手がそういう事象を非意図的に持てば、「経験」の意味になります。

つまり、have 自体は、主語指示物がある事象、出来事を「持つ」という意味だけであり、その事象を意図的に持つか、非意図的に持つかの違いにより、「使役」と「経験」の2つの意味が生じるわけです。

そして、「経験」の意味の場合、経験する事象が主語指示物にとって迷惑となる場合と、利益となる場合の2つがあります。(5a, b) では人にすられたり、人に殺すぞと脅されたりすることが、社会常識上、その本人にとって望ましくない、不快な出来事なので、これらの文は、経験の意味でも、特に「被害・迷惑」の意味を表わしています。これに対して、次の文を見て下さい。

(6) a. I *had* a total stranger show me the way to the post office. (経験)
「まったく知らない人が、郵便局へ行く道を教えてくれた。」

b. I *had* someone in a workshop say to me one time, "Boy, you really know this stuff! You have really studied this, you are kind of like an Olympic athlete or something in this area." (経験)(実例)
「ワークショップのある人が、あるとき、私に次のように言ってくれました『あなたは、このことを本当によく知っているのですね。本当によく勉強していますね。あなたは、この分野では、オリンピックの選手のようなものです。』」

(6a, b) では、人が道を教えてくれたり、人が自分に対していいことを言ってくれたりすることが、社会常識上、望ましく、ありがたい事柄なので、経験の意味でも、特に「利益・恩恵」の意味を

表わしていると解釈されます。

　ただ、「被害・迷惑」の意味になるか、「利益・恩恵」の意味になるかは、文脈や私たちの社会常識に依存しているという点に注意しなければいけません。そのため、たとえば次の文は、まったく知らない人に手にキスされるというような事象が、一般に不快な事柄であるため、被害・迷惑の意味を表わすと解釈されますが、たとえば、話し手が、まったく知らない人にまで手にキスをされて、自分が高貴で美しいことを自慢しているような文脈では、「利益・恩恵」の意味を表わすことになります（実際、あるネイティヴ・スピーカーは、この文が、これら2つの意味に解釈され、曖昧であると言いました)。

(7)　　　I *had* a total stranger kiss my hand this morning.（経験）
　　　　「私は今朝、まったく知らない人に手にキスされた。」

Have の表わす意味に関して以上をまとめると、次のようになります。

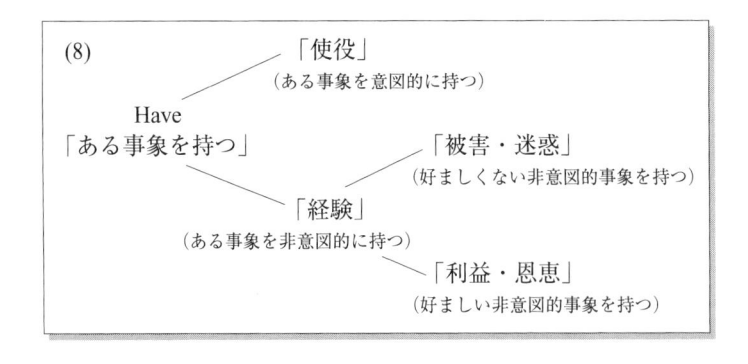

(8)
```
                            「使役」
                       （ある事象を意図的に持つ）
    Have
「ある事象を持つ」
                            「被害・迷惑」
                       （好ましくない非意図的事象を持つ）
                「経験」
          （ある事象を非意図的に持つ）
                            「利益・恩恵」
                       （好ましい非意図的事象を持つ）
```

(4)-(7) の文型は、ともに「have ＋目的語（人間）＋動詞の原形」

ですが、have は、動詞の原形だけでなく、次のように、過去分詞形をとることもあります。

(9) a. Jim had his house *remodeled* last month.（使役）
「ジムは先月、家を改装した（改装させた）。」
b. They had a surveillance camera *installed* in the fitting rooms.（使役）
「彼らは、試着室に防犯カメラを設置させた。」
(10) a. She had her wallet *stolen*.（経験－被害・迷惑）
「彼女は財布を盗まれた。」
b. Mary had her article *accepted* by a high quality journal.（経験－利益・恩恵）
「メアリーは、レベルの高いジャーナルに論文を受理された。」

(9a) は、ジムが自分の家を改装業者等に改装させたという、使役の意味を表わすと解釈されるのが一般的です。また、(9b) も、彼らが試着室に防犯カメラを設置させたという使役の意味を表わします。一方 (10a) は、財布を盗まれるという事柄が、社会常識上、望ましくない出来事なので、経験の意味でも、特に被害・迷惑の意味を表わしていると解釈されます。自分の財布を人に盗ませるということが、一般にはあり得ないので、使役の意味にはなりません。他方、(10b) は、レベルの高いジャーナルに論文が受理されることが、社会常識上、望ましい事柄であるため、利益・恩恵の意味を表わしていると解釈されます。自分の論文をレベルの高いジャーナルに受理させるということが、一般には起こり得ないので、使役の意味にはなりません。そのため、「目的語＋過去分詞形」の have も、もともと「（ある事象を）持つ」という意味で

あって、その事象を意図的に持てば「使役」の意味になり、非意図的に持てば「経験」の意味になり、その経験が主語指示対象に与える影響によって、「被害・迷惑」、「利益・恩恵」の解釈が生じることが分かります。したがって、「目的語＋過去分詞形」の have に関しても、(8) の表に示したのと同じ分析ができます。

以下、本章と次章では、have が表わす「経験」の意味は考察の対象とせず、have が表わす「使役」の意味に的を絞ります。そして、使役を表わす make, get, have, let がそれぞれどのように用いられ、どのような点で異なるのかを明らかにします。

使役動詞の make はどんなときに使う？

まず、次の対比を見て下さい。

(11) a. The devil *made* me do it.（悪いことをした際の言い訳）
　　 b. *The devil *got* me to do it.
　　 c. ??/*The devil *had* me do it.
　　 d. *The devil *let* me do it.
(12) a. The lightning *made* the little girls cover their heads.
　　 b. *The lightning *got* the little girls to cover their heads.
　　 c. *The lightning *had* the little girls cover their heads.
　　 d. *The lightning *let* the little girls cover their heads.

(11a) は、悪いことをした際の言い訳としてよく用いられる表現であり、「悪魔が私にそうさせたのです」という意味です。Make, get, have, let は、いずれも「〜させる」という使役の意味を表わしますが、(11a) の made を (11b-d) のように got, had, let に代えるとすべて不適格になります（get は、原形不定詞ではなく、to 不

定詞をとることに注意して下さい)。同様に、(12a) は、「稲妻が少女たちに頭を覆わせた」という意味ですが、(12a) の made を (12b-d) のように got, had, let に代えると不適格になります。(11) と (12) の 2 組の文に共通している事柄は、目的語の話し手や少女たちは、当該の行為を行なうつもりではなかったのに、悪魔や稲妻が話し手や少女たちに直接的に働きかけ、そのような行為をするよう<u>強制し</u>、そのような行為が<u>無理やり</u>引き起こされたものであるという点です。そのため、(11a) では、話し手が悪いことをしたのは、いわば悪魔のせいであって、自分はするつもりはなかったという意味合いが込められ、言い訳として用いられるわけです。(12) でも、稲妻が光ったりしなければ、少女たちは、当然、頭を覆ったりはしなかったわけです。

The lightning *made* the little girls cover their heads.

ある使役事象が、使役主の強制によって引き起こされたものであることを明示するために、次の例のように、by 〜 ing タイプの強制を表わすような節をつけてみましょう。

(13) a. She *made* us do our homework by threatening to ground us if we didn't.
「彼女は、私たちが宿題をやらなければ、外出禁止に

するとおどして、私たちに宿題をさせた。」

  b. *She *had* us do our homework by threatening to ground us if we didn't.

(14) a. John *made* Mary fall down by putting his leg in her way.
   「ジョンは、メアリーが歩いてきたところに足を出して、彼女を転ばせた。」

  b. *John *had* Mary fall down by putting his leg in her way.

(13) では、もし話し手たちが宿題をやらなかったら、彼女は話し手たちを外出禁止にするとおどして、話し手たちに宿題をさせています。また (14) では、ジョンは、メアリーが歩いてきたところに足をかけて、彼女を意図的に転ぶようにしています。したがって、これらの文では、話し手たちが宿題をしたり、メアリーが転んだのが、主語の使役主によって<u>強制的に無理やり</u>引き起こされています。そしてこのような場合には、(13a), (14a) の適格性と (13b), (14b) の不適格性が示すように、make が用いられ、have（や get, let）は用いられません。

 上の例では、目的語の被使役主がすべて人間（me, the little girls, us, Mary）でしたが、次に被使役主が無生物の場合を見てみましょう。

(15) a. The terrorists *made* the bomb explode in central New Delhi.
   「テロリストは、ニューデリーの中心で爆弾を爆発するようにした。」

  b. *The terrorists *had* the bomb explode in central New Delhi.

(16) a. They *made* the trains run on time by improving the infrastructure and re-training employees.
   「彼らは、経済基盤を改良し、従業員を再訓練して、

電車を時間通り走らせた。」

b. *They *had* the trains run on time by improving the infrastructure and re-training employees.

テロリストが爆弾を爆発するようにしたのは、普通、テロリストが計画的に引き起こす事象であり、爆弾が爆発することにテロリストは直接的に関与しています（ただ、直接的に関与してはいますが、テロリスト自らが直接、爆弾を爆発させた場合は、makeを用いた使役文ではなく、explode を他動詞として用い、The terrorists *exploded* the bomb in central New Delhi. というのが自然です。この問題については、次節で取り上げます）。つまり、爆弾の爆発は、テロリストによっていわば「強制的に」引き起こされており、テロリストが関与しなければ、爆弾が爆発することはなかったわけです。この点は、by 〜ing の強制を表わす節を伴った (16) では一層明らかです。(16) では、彼らが、経済基盤を改良し、従業員を再訓練することによって、電車を時間通り走らせています。つまり、電車が時間通り走るようになったのは、使役主の計画的な行為によるものであり、使役主は、この事象を引き起こす直接的要因として機能しています。言い換えれば、この事象が使役主によって強制的に引き起こされており、使役主の関与がなければ、この事象は起こり得なかったわけです。そしてこのような場合は、(15a), (16a) の適格性と (15b), (16b) の不適格性が示すように、make が用いられ、have は用いることができません。

　使役動詞の make は、主語の使役主が被使役主に直接的に働きかけ、使役事象を強制的に引き起こす場合に用いられることが分かると、次のような文でなぜ make が用いられないかもおのずと明らかになります。

(17) Student: I need Professor Smith's signature on this application.
「学生：この申込用紙にスミス教授のサインをお願いします。」

Secretary: a. All right. *I'll *make* him sign it and give it back to you tomorrow morning.

b. All right. I'll *have* him sign it and give it back to you tomorrow morning.

「秘書：分かりました。サインをしてもらって、明日の朝お渡しします。」

(18) a. *John *made* Mary go to France, as she had really wanted to.

b. John *let* Mary go to France, as she had really wanted to.
「ジョンは、メアリーがフランスへとても行きたがっていたので、行かせた。」

(17a, b) の秘書は、スミス教授にサインを「依頼」するわけであり、サインを強制するわけではありません。よって、make は用いられず、このような場合は have が用いられます（この点は、次章で詳しく述べます）。さらに (18a, b) では、メアリーがフランスへ行きたがっていたために、ジョンはメアリーがフランスへ行くのを「許容」したわけであり、強制したわけではありません。よって make は用いられず、このような場合は let が用いられます（この点も、次章で詳しく述べます）。

他動詞文と make 使役文の違い

これまでの説明で、make は、主語の使役主が、使役事象を強制的に引き起こす場合に用いられることを述べました。さて、stop, start, explode のように、自動詞にも他動詞にも用いられる動

詞が、自動詞として make 使役文の中に現われるとき、それは、同じ動詞の他動詞用法と意味が同じなのでしょうか、それとも違うのでしょうか。まず、次の2つの文を見て下さい。

(19) a. The traffic officer *stopped* the car.（他動詞文）
「交通整理の警官は、その車を止めた。」
b. The traffic officer *made* the car *stop*.（make 使役文）
「交通整理の警官は、その車を止まらせた。」

他動詞 stop が用いられている (19a) は、ただ問題の車を止めたと述べているだけで、その車が止まる前にどういう状態にあったかについては、何も述べていません。したがって、この文は、おそらく警官が手をあげてストップサインを出して、車が止まった、という意味に解釈されるのが普通です。他方、自動詞 stop が make 使役文で用いられている (19b) には、車が止まろうとしなかったのを警官が警笛を吹いたり、運転手をどなりつけて止まるようにした、という含意があります。

同じような意味の違いが、次の文にも見られます。

(20) a. John *stopped* the car.（他動詞文）
b. John *made* the car *stop*.（make 使役文）

(20a) は、ドライバーのジョンがどうやって車を止まるようにしたかについて、何も述べていません。したがって、この文は、ジョンがブレーキを踏んで、車が止まるようにした、という意味に解釈されるのが普通です。他方 (20b) には、ブレーキを踏んでも車が止まろうとしなかったので、ジョンが特別な努力をして（たとえば、ハンドブレーキも使って）車が止まるようにした、という

含意があります。

このような含意から、make 使役文は、被使役主と動詞句（たとえば、(19b), (20b) の "the car stop"）が表わす事象が起きるのに「抵抗」があり、使役主が強制的手段を用いてその事象を発生させるときに用いられることが分かります。抵抗があるからこそ強制しなければならないわけです。これで、(15a) の自動詞 explode を含んだ make 使役文（以下に再録）と、explode を他動詞として用いた (21a) との違いも説明できます。

(21) a. The terrorists *exploded* the bomb in central New Delhi.
  b. The terrorists *made* the bomb *explode* in central New Delhi. (=15a)
  「テロリストは、ニューデリーの中心で爆弾を爆発するようにした。」

(21a) は、単にテロリストが爆弾を爆発させた、と述べているだけで、テロリストが爆発を起こさせるのに特別なことをしたかどうかについては、何も述べていません。したがって、たとえば爆破装置のスイッチを押すというような普通の手段で爆発が起きるようにした、と解釈されるのが普通です。他方 (21b) には、爆発を引き起こすのが困難で、テロリストが強制的手段を使って爆発を引き起こしたという微妙な含意があります。

以上の観察から、make 使役文の使役主と被使役主の関係は (22) のようにまとめられ、この点をもとに (22) の次に示す制約を立てることができます。

(22)

	使役主	被使役主
Make 使役	強制 被使役主に対する直接的働きかけ	抵　抗

> **《Make 使役文の意味的／機能的制約》**
>
> 使役動詞の make は、被使役主が「抵抗」する事象を、使役主が強制（的手段）により、被使役主に直接的に働きかけて引き起こす場合に用いられる。
>
> 逆に言えば、make は、被使役主が「抵抗」しない事象（希望したり、自然にそうなる事象）や、使役主が説得、指示、許容などにより引き起こす事象には用いられない。

使役動詞の get はどんなときに使う？

次の文を見てみましょう。

(23)　a.　I *made* my husband stop drinking.
　　　b.　I *got* my husband to stop drinking.
　　　c.　*I *had* my husband stop drinking.

妻が夫の飲酒をやめさせたとき、使役動詞の make や get を用いて、(23a, b) のように言うことはできますが、使役動詞の have を用いて、(23c) のように言うことはできません（get は、make, have, let と異なり、原形不定詞ではなく、to 不定詞を伴うことに注意して下さい）。さて、(23a, b) の make と get では、どのように意味が異なるのでしょうか。Make を使った (23a) は、すでに

前節で観察したように、話し手の妻が夫に強制的に飲酒をやめさせたことを意味します。一方、get を使った (23b) は、話し手の妻が夫に、飲酒は健康に悪いからやめた方がいいというようなことを話し、夫を<u>説得して</u>飲酒をやめさせたという意味合いがあります。ただ、make 使役であれ、get 使役であれ、(23a, b) では、夫は飲酒をやめることに「抵抗」があります。抵抗があるからこそ、(23b) では、妻は夫を説得しなければ飲酒をやめさせられなかったわけです。

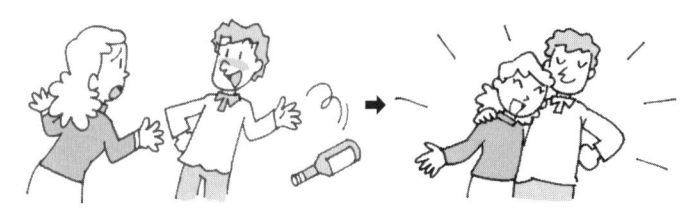

I *got* my husband to stop drinking.

この点は、次の対比からも裏づけられます。

(24) a. I *got* my husband to stop drinking, because I was quite worried about his health and wanted him to stay well.
「私は、夫に飲酒をやめさせた。なぜなら、私は夫の健康をとても心配していて、夫にずっと健康でいて欲しかったので。」

b. *I *got* my husband to stop drinking, because he wanted to do so anyway.
「私は、夫に飲酒をやめさせた。なぜなら、夫はいずれにしろ飲酒をやめようと思っていたので。」

(24a) では、妻が夫の健康を心配し、夫の健康を願っていたことから、夫にそのことを話し、夫を説得して飲酒をやめさせたことが示唆されています。よってこの文は適格です。一方 (24b) では、夫自身が飲酒をやめようと思っていたので、妻が特に説得したり、苦労したりして飲酒をやめさせたことが示唆されません。よって、get 使役の表わす意味と矛盾するので、この文は特別な文脈がないかぎり不適格となります（このような状況では、let が用いられます）。

この観察から、次のような文ではなぜ get が用いられないかもおのずと明らかになります。

(25) a. *The lightning *got* the little girls to cover their heads. (=12b)
b. *John *got* Mary to go to France, as she had really wanted to. (cf. 18a, b)
c. Student: I need Professor Smith's signature on this application.
Secretary: All right. ??/*I'll *get* him to sign it and give it back to you tomorrow morning.
(cf. 17a, b)

(25a) では、稲妻が少女たちを説得して頭を覆わせたわけではないので、この文は不適格です。また (25b) では、メアリーがフランスへ行くことを望んでいたため、ジョンはメアリーを説得して行かせたわけではありません。つまり、(25b) の主節と副詞節の意味内容が矛盾するので、この文も不適格です。さらに、(25c) の状況で、秘書が get 使役を用いると、スミス教授は学生の申込用紙にサインをするのを嫌がる傾向があるが、それでも秘書はスミス教授を説得して、何とかサインをさせるようにするという意

味合いを伴います。しかし、一般に、学生の申込用紙に指導教授がサインをするのは、指導教授と学生との社会的、教育的関係から当然のことであり、説得をしてサインをさせるというのは、特別な状況がない限り、不自然です。よって、この文も不適格です。

(23)-(25) の例では、目的語の被使役主がすべて人間でしたが、次に被使役主が無生物の場合を見てみましょう。

(26) a. After working at it for over two hours, they finally *got* the vault to open.
「彼らは、金庫室を開けようと2時間以上取り組んで、やっと開けることができた。」

b. After 30 minutes of struggling with turning the key, I finally *got* the door to open.（実例）
「鍵を回すのに30分間悪戦苦闘して、私はやっとドアを開けることができた。」

c. The best way to *get* the car to stop was to hang on to the steering wheel and pull back on it to get the maximum force on the brake pedal.（実例）
「その車を止まらせる最もいい方法は、ブレーキペダルに最大限の力を加えられるように、ハンドルにしがみついて、身体を後ろにそらせることだった。」

d. He couldn't *get* the heavy chair to budge.
「彼は、その重い椅子を少しも動かすことができなかった。」

(26a, b) では、長時間取り組んだ末にやっと金庫室やドアを開けることができたことが述べられています。つまり、被使役主の金庫室やドアは、開くことに対して「抵抗」があり、使役主の「彼

ら」や話し手は、苦労／努力して、金庫室やドアを開けたことになります。この点は、finally(「やっと」)という副詞からも明らかです。同様のことが (26c, d) についても言えます。(26c) では、車を止まらせるのに苦労／困難を伴ったことが示唆されていますし、(26d) では、苦労／努力したが、結局、その重い椅子を動かせなかったことが示されています。したがって、被使役主が無生物の場合、get 使役文は、被使役主が人間の場合から予測されるように、使役主が苦労／努力して、被使役主が抵抗を示す使役事象を引き起こす場合に用いられることが分かります。

以上の観察から、get 使役文の使役主と被使役主の関係は (27) のようにまとめられ、この点をもとに (27) の次に示す制約を立てることができます。

(27)

	使 役 主	被使役主
Get 使役	説得、苦労／努力 被使役主に対する直接的働きかけ	抵 抗

《Get 使役文の意味的／機能的制約》

使役動詞の get は、被使役主が「抵抗」する事象を、使役主が説得したり、苦労／努力して、被使役主に直接的に働きかけて引き起こす場合に用いられる。

逆に言えば、get は、被使役主が「抵抗」しない事象(希望したり、自然にそうなる事象)や、使役主が強制(的手段)により引き起こす事象には用いられない。

まとめ

本章では、使役動詞 make, get, have, let のうち、最初の2つに焦点を当て、make と get が用いられる使役文に関して、次の意味的／機能的制約があることを示しました。

《Make 使役文の意味的／機能的制約》

使役動詞の make は、被使役主が「抵抗」する事象を、使役主が強制（的手段）により、被使役主に直接的に働きかけて引き起こす場合に用いられる。

逆に言えば、make は、被使役主が「抵抗」しない事象（希望したり、自然にそうなる事象）や、使役主が説得、指示、許容などにより引き起こす事象には用いられない。

《Get 使役文の意味的／機能的制約》

使役動詞の get は、被使役主が「抵抗」する事象を、使役主が説得したり、苦労／努力して、被使役主に直接的に働きかけて引き起こす場合に用いられる。

逆に言えば、get は、被使役主が「抵抗」しない事象（希望したり、自然にそうなる事象）や、使役主が強制（的手段）により引き起こす事象には用いられない。

第7章

使 役 文 (2)
―Have と Let を中心に―

ホテルのフロントで

スーツケースを持った日本人旅行者が、やっとアメリカのホテルにたどり着き、チェックインをすませたときに、受付の人が次のように言ったとします。

(1) あなたのスーツケースをボーイにお部屋まで運ばせましょう。

I'll (　) the bellboy carry your suitcases to your room.

(　) にはどのような単語が入るでしょうか。受付の人が言った「(スーツケースをボーイに) 運ばせる」は使役表現ですが、前章で考察した make や get とは違って、(　) には have が入ります。なぜ、このような場合には have が用いられるのでしょうか。Have は、make や get とどこが違うのでしょうか。本章では、have と let に焦点を当て、これらの使役動詞がどのような場合に用いられるかを明らかにします。

使役動詞の have はどんなときに使う?
― 被使役主が人間の場合

まず、次の2文を比べてみましょう。

(2) a. The teacher *made* his students read three articles.
「先生は、学生に3つの論文を読ませた。」

b. The teacher *had* his students read three articles.
「先生は、学生に3つの論文を読ませた。」

(2a, b) の日本語訳は同じですが、(2a) の make が用いられた使役文は、すでに前章で観察したように、先生が、嫌がったりして「抵抗」を示す学生たちに強制的に3つの論文を読ませたことを表わします。さて、ここで教師と学生の関係を考えてみましょう。教師が学生に論文を読ませたり、レポートを書かせたり、発表をさせたり、試験を受けさせたりするのは、教育の一環として、当然、前提とされていることで、通例、教師が学生にそのような行為を強制的にさせるわけではありません。むしろ、教師が当然の権利、義務、職務として、学生たちにそのような行為を行なうよう、指示さえすればよく、また、学生たちもそのような行為に抵抗を示したりはしません。そして、このような状況で、have 使役文が多く用いられます。(1) でも、ホテルの受付の人は、職務の一環としてボーイにお客の荷物を部屋に運ぶよう指示さえすれば、ボーイは当然、その荷物を運ぶことになるので、have が用いられます。

この点は、次の例でさらにはっきりします。

(3) a. The fashion photographer *had* me take off my glasses and let my hair hang down.
「ファッション・フォトグラファーは、私にメガネをはずさせ、髪を垂れさせた。」

b. The doctors *had* me walk up and down the hall for a while, which helped my contractions progress to 3 minutes.

「医者は私に廊下をしばらく歩かせた。そしてそのことが、陣痛が3分間隔となるのに役立った。」

c. I'll *have* my secretary call him tomorrow.
「私は秘書に、明日彼に電話をかけさせます。」

d. Do you *have* the kids come home right after school every day?
「あなたは、毎日子供たちを放課後すぐに帰らせていますか。」

e. The coach *had* the players run for another hour. (= 前章の (4b))
「コーチは、選手たちにもう1時間走らせた。」

f. I always *have* guests take off their shoes before they come into the house.
「私は、お客さんが家に入る前に、いつも靴を脱がせている。」

(3a) は、ファッション・フォトグラファーが、話し手(モデル)に強制したり、説得したりしてメガネをはずさせたのではなく、よりよい写真を撮るために、モデルにそうするよう単に<u>指示したり、依頼したり</u>したことを表わします。

The fashion photographer *had* me take off my glasses.

同様に (3b) でも、医者は、職務の一環として患者に様々な事柄を要請することができます。ここでは、医者が妊娠している話し手に少し歩くように指示した（歩かせた）ことで、陣痛が3分間隔になったわけです。同様に (3c-f) でも、話し手と秘書の職務上の関係、親と子供の関係、コーチと選手の関係、ホストとお客の関係に基づいて、当該の使役事象の指示や依頼が行なわれています。

(3a-f) で、have ではなく、make や get が用いられると、被使役主（= 目的語の指示対象）が当該の行為を行なうのを嫌がっていたり、躊躇／拒否したりして、抵抗を示しているという意味合いが伴います。それに対して、have が用いられた (3a-f) では、被使役主が当該の行為を行なうことに抵抗がなく、使役主に指示されると躊躇なく行なうことになります。

次の例も、(3a-f) と同様に説明できます。

(4) a. I'll *have* my wife/husband/friend bring you the papers.
「妻／夫／友達に、その書類を持って来させます。」

b. Student: I need Professor Smith's signature on this application.
「学生：この申込用紙にスミス教授のサインをお願いします。」
Secretary: All right. I'll *have* him sign it and give it back to you tomorrow morning. (= 前章の (17b))
「秘書：分かりました。サインをしてもらって、明日の朝お渡しします。」

(4a) は、話し手が、自分の妻／夫／友達に書類を聞き手のところへ持って来させる（持って来てもらう）という意味です。夫婦や

友達同士は、その社会的、人間的関係から、お互いにさまざまな事柄を指示したり、依頼したりできる一定の社会習慣的な制御力（コントロールできる力）をもっています。そして、「書類を持って来させる（持って来てもらう）」というような使役事象は、指示／依頼さえすればやってくれる、手間のかからない簡単な行為です。よって、(4a) の have 使役文は適格となります。(4b) の秘書の発話は、「私はスミス教授にその申込用紙にサインをさせて（サインをしてもらって）、明日の朝あなたに渡します」という意味です。秘書と教授は、両者の社会的な職務上の関係から、秘書が教授に指導学生の申込用紙にサインをするよう指示できる立場にあります。そして、秘書は、教授に学生の要望を伝えさえすれば、教授は申込用紙にサインをすることになり、またそうすることに何の抵抗もありません。よって、(4b) の have 使役文も適格となります。

映画監督と俳優、あるいは作家とその作品の登場人物などの関係も、(3a-f), (4a, b) の場合と同様に考えられます。そのため、次のような例でも、使役の have が用いられます。

(5) a. The director *had* the actress die at the end of the movie.
b. The playwright *had* the hero grow up in a slum.
c. The author *had* Mary fall down in the second chapter.

映画監督と俳優は、両者の職業上の関係から、監督は俳優にさまざまな演技を指示したり、要請したりできる立場にあります。そのため (5a) では、映画監督が俳優に、その映画の最後で死ぬように指示し、要請した（つまり、死なせた）わけです。そして、監督は俳優に指示さえすれば、俳優は映画の中で死ぬ役を演じ、またそうすることに抵抗もありません。(5b, c) も同様です。劇作

家や本の著者は、書き物の中で登場人物がすること、登場人物に起きることすべてについて、そうさせるよう、そうなるように筋書きを作るだけですし、登場人物は、そうする、そうなることに何の抵抗も示しません。劇作家や本の著者と劇や本の中の登場人物との関係は、映画監督と俳優の関係と同じで、前者は後者にある演技やプロットを仕組み、要請することになるため、これらの文でも使役動詞の have が用いられます。

　以上の観察から、被使役主が人間の have 使役文は、使役主と被使役主の関係が、教師と学生、ファッション・フォトグラファーとモデル、医者と患者、上司と秘書、親と子供、コーチと選手、ホストとお客、夫と妻、秘書と教授、監督と俳優のように、使役主が被使役主に対して一定の<u>社会習慣的な制御力</u>をもち、被使役主に指示／依頼さえすれば（つまり、直接的に強く働きかけなくても）、被使役主が当該の事象を「抵抗」なく行なう場合に用いられることが分かりました。Make 使役文や get 使役文では、被使役主が当該の事象を行なうのに「抵抗」を示すため、使役主は被使役主に対して直接的に働きかける必要がありました。しかし、have 使役文の場合は、被使役主が「抵抗」を示さないので、使役主の働きかけは間接的であると言えます。この点をまとめると、次のようになります。

(6)

	使　役　主	被使役主
Have 使役	社会習慣的な制御力による指示 被使役主に対する間接的働きかけ	抵抗なし

> **《Have 使役文の意味的／機能的制約》（次節で修正）**
>
> 使役動詞の have は、被使役主が「抵抗」しない事象を、使役主が社会習慣的な制御力による指示により、被使役主に間接的に働きかけて引き起こす場合に用いられる。
>
> 逆に言えば、have は、被使役主が「抵抗」する事象や、使役主が被使役主に直接的に働きかけて、強制／説得したり、苦労／努力して引き起こす事象には用いられない。

以上の考察から、次のような文ではなぜ have が用いられないかもおのずと明らかになります。

(7) a. ??/*The devil *had* me do it.（悪いことをした際の言い訳）(= 前章の (11c))

b. *The lightning *had* the little girls cover their heads. (= 前章の (12c))

c. *She *had* us do our homework by threatening to ground us if we didn't. (= 前章の (13b))

d. *I *had* my husband stop drinking. (= 前章の (23c))

e. *John *had* Mary go to France, as she had really wanted to.

(7a-c) で述べられている事象は、どれも主語指示物の使役主が強制的に引き起こした事象です。つまり、使役主が被使役主との社会的、人間的関係に基づいて指示／依頼して引き起こした事象ではありません。よって、これらの文で have を用いると不適格になります。次に (7d) では、夫婦は、(4a) で見たように、相手が実行すると思っているような行為を指示／依頼する関係にありますが、夫の飲酒癖をやめさせるという事象は、普通、単に指示／依

頼のみして聞き入れられるような事象ではありません。そのような事象は、前章の make 使役文 (23a) (= I *made* my husband stop drinking.) で観察したように、妻が夫に強制的にそうさせるか、get 使役文 (23b) (= I *got* my husband to stop drinking.), (24a) (= I *got* my husband to stop drinking, because I was quite worried about his health and wanted him to stay well.) で観察したように、妻が夫に健康や生活費のことを話したりして、夫を説得して初めて聞き入れられる類いの事象です。言い換えれば、妻は、夫に飲酒をやめさせられるような社会習慣的制御力（コントロールできる力）をもっているとは、通常考えられず、夫の方も飲酒をやめるのに、かなりの抵抗があるのが普通です。よって、have が用いられた (7d) は不適格です。さらに (7e) では、メアリーがフランスへ行くことを望んでいたためにジョンはそうさせたのであって、ジョンがメアリーに指示／依頼して行かせたわけではありません。よって、have が用いられた (7e) も不適格です。

使役動詞の have はどんなときに使う？ ー被使役主が無生物の場合

　これまでは、被使役主（目的語の指示対象）が人間の場合を考えましたが、この節では、被使役主が無生物の場合を考えてみましょう。私たちは前章で、次の対比を観察し、爆弾が爆発するという事象は、テロリストの計画的行為であり、テロリストは爆弾の爆発に直接的、強制的に関与しているので、《Make 使役文の意味的／機能的制約》から、have ではなく make が用いられなければならないことを示しました。

(8) a. The terrorists *made* the bomb explode in central New Delhi.
「テロリストは、ニューデリーの中心で爆弾を爆発するようにした。」

b. *The terrorists *had* the bomb explode in central New Delhi.

しかし、次の have 使役文は適格です。

(9) The terrorists *had* a dozen bombs explode in front of the polling stations by hiring teenage suicide bombers.
「テロリストは、１０代の自爆兵を雇って、１２個の爆弾を投票所の前で爆発させた。」

なぜ (9) は、(8b) と違って適格なのでしょうか。それは、次の３つの理由によると考えられます。(i) 使役主のテロリストが、爆弾を爆発させるのに、通例のきまりきった（常套的な）物理的制御力（コントロールできる力）をもっており、(ii) 被使役主の爆弾は、爆発することに抵抗せず、(iii) テロリストは、自分たちが直接爆弾を爆発させたのではなく、１０代の自爆兵を雇って、間接的に爆弾を爆発させているためです。(8b) が文脈なしで不適格と判断されるのは、この３つの理由のうち、(iii) のテロリストの間接的な爆弾の爆発がこの文では示されておらず、(9) に明示されているような状況が聞き手の頭に浮かびにくいためだ、と考えられます。

この点から、have 使役文の使役主と被使役主の関係は (10) のように、また《Have 使役文の意味的／機能的制約》は、その次に示すように若干修正（下線部のみ）されます。

(10)

	使役主	被使役主
Have 使役	社会習慣的な制御力による指示や、<u>常套的な物理的制御力の使用</u> 被使役主に対する間接的働きかけ	抵抗なし

《Have 使役文の意味的／機能的制約》

使役動詞の have は、被使役主が「抵抗」しない事象を、使役主が社会習慣的な制御力による指示や、<u>常套的な物理的制御力の使用</u>により、被使役主に間接的に働きかけて引き起こす場合に用いられる。

逆に言えば、have は、被使役主が「抵抗」する事象や、使役主が被使役主に直接的に働きかけて、強制／説得したり、苦労／努力して引き起こす事象には用いられない。

この制約をもとに、次の例を見てみましょう。

(11) a. *John *had* the lamp fall.
　　 b. *Ralph *had* the walls of his house crack.
　　 c. *Mary *had* the plants grow fast.
　　 d. *Mike *had* the log roll down the hill.

(11a) で、「ジョンがランプを落ちるようにした」と言っても、通常、ランプがどこかから落ちることに関して、使役主は物理的制御力（コントロールできる力）をもっていません。さらにこの文では、ジョンがランプの落下を間接的に引き起こしたとも示されていません。よってこの文は、《Have 使役文の意味的／機能的制

約》を満たさず、不適格です（この文では、ランプの落下が、ジョンによって強制的に引き起こされた事象としか解釈できず、have を make にすると、《Make 使役文の意味的／機能的制約》に合致して適格となります（John *made* the lamp fall））。同様に (11b) で、「ラルフは、家の壁をひび割れるようにした」と言っても、通常、壁がひび割れることに関して、使役主は物理的制御力をもっていません。また、この文では、壁がひび割れることをラルフが間接的に引き起こしたとも示されていません。よってこの文も、《Have 使役文の意味的／機能的制約》を満たさず、不適格です（この文でも、壁のひび割れが、ラルフによって強制的に引き起こされた事象としか解釈できず、have を make にすると、適格となります（Ralph *made* the walls of his house crack））。(11c, d) も同様に説明できます。

ただ、ここで注意したいのは、(11a-d) は使役の意味では不適格ですが、経験の意味、特に被害・迷惑の意味では適格だという点です。たとえば (11a) は、「ジョンはランプに落ちられた」、(11b) は、「ラルフは家の壁にひび割れられた」という被害・迷惑の意味では適格です。(11c, d) も同様で、被害・迷惑の意味を表わすことができ、その意味では適格です。

使役文として (11a-d) は不適格ですが、次の文は適格です。

(12) a. The magician *had* the card disappear without lifting a finger.
「その手品師は、何もしないでそのカードを消した。」
b. It doesn't look natural if you just stack up a pile of rocks in your yard and *have* the water spill off of the top of it.（実例）
「庭に石を積み上げて、そのてっぺんから水がこぼれるようにするのは、自然な感じがしない。」

c. At a minimum, you should *have* the sauce simmer for twenty minutes.

「最低、ソースを２０分間はとろ火でとろとろ煮立たせて下さい。」

d. I would need at least 314" of fabric (2 × 157") to *have* the curtains fall nicely.（実例）

「カーテンをきれいに垂れさせるには、少なくとも314インチ（2 × 157インチ）の生地がいるでしょう。」

The magician *had* the card disappear without lifting a finger.

(12a) では、観客の目の前でカードが消えるのは、手品師の常套的な物理的コントロールのもとにあります。そして、カードは、消えることに抵抗したりはしません。また、手品師は、without lifting a finger（「何もしないで」）から分かるように、間接的に関与してカードを消しています。よってこの文は、《Have 使役文の意味的／機能的制約》を満たして適格です。同様に (12b) でも、積み上げた石のてっぺんから水がこぼれるようにするのは、聞き手の常套的な物理的コントロールのもとにあります。そして水は、こぼれ落ちることに抵抗せず、聞き手は、石を積み上げて、たとえば最初に水道の蛇口をひねるなどだけして、あとは勝手に

水がこぼれ落ちるようにするので、間接的にしかその事象に係わっていません。よって、この文も《Have 使役文の意味的／機能的制約》を満たして適格です。(12c, d) も同様に説明できます。

　被使役主が無生物の have 使役文は、使役主が本の著者や劇作家で、その人たちが本や劇の中で、無生物が関与する事象を引き起こす場合にも用いられます。次の例を見てみましょう。

(13)　a.　The author *had* the bomb explode in central New Delhi.
　　　　「著者は、ニューデリーの中心で爆弾を爆発させた。」
　　　b.　The author *had* the lamp fall onto the cushions in the third chapter.
　　　　「著者は、第3章でランプをクッションの上に落とした。」
　　　c.　The screenplay *has* the whole hospital fall apart in the quake before the patients can be evacuated.
　　　　「その映画のシナリオは、患者が避難する前に、病院全体を地震でばらばらに壊れさせた。」
　　　d.　The playwright *had* it rain in Act 2, Scene 3.
　　　　「その劇作家は、第2幕第3場で雨を降らせた。」

本の著者や劇作家は、本や劇の中で起きるすべての事象について制御できる力をもっています。そして、たとえば (13a, b) の爆弾やランプは、爆発したり、クッションの上に落ちたりすることに抵抗しません。そして、著者は、そのような事象を実際に引き起こすのではなく、本の中に記述するだけ（つまり、間接的に関与するだけ）です。よって (13a-d) は、《Have 使役文の意味的／機能的制約》を満たして適格です。

　これまで観察してきた have 使役文は、「have ＋目的語＋動詞の

原形」というパターンでしたが、次のような例では、動詞の原形ではなく、過去分詞形が用いられています。

(14) a. Jim had his house *remodeled* last month.（使役）
「ジムは先月、家を改装した（改装させた）。」
b. He had his keynote speech *scheduled* on the last day of the conference.（使役）
「彼は、自分の基調講演を会議の最終日に予定させた（予定してもらった）。」

このような例も、《Have 使役文の意味的／機能的制約》により説明できます。(14a) では、ジムが家の改築に対して常套的な制御力（コントロールできる力）をもっており、家は改装されることに抵抗せず、また希望もしません。また、家の改築に対するジムの関与は、たとえば改築契約書にサインをするとか、改築の費用を支払うとかで、間接的なものです。よってこの文は、《Have 使役文の意味的／機能的制約》を満たして適格です。(14b) でも同様で、「彼」は自分の基調講演の日をいつにするかコントロールできる力をもっています。そして、基調講演自体は、いつになるかに関して抵抗したりはしません。また、「彼」は、会議の関係者に自分の都合を連絡するだけで（つまり、間接的な関与で）講演の日が設定されます。よって、この文も《Have 使役文の意味的／機能的制約》を満たして適格となります。

使役動詞の let はどんなときに使う？

次に、let 使役文を考えてみましょう。Let 使役文は、よく知られているように、目的語が人間の場合、その人が望んだり、意図

している事象を主語の使役主が許容／許可したり、禁止しなかったりして、その事象が生じる場合に用いられます。そのため、次のような文脈では、make や get, have は用いられず、let が用いられます。

(15) a. John always *lets* Mary do as she likes.
　　 b. *John always *makes* Mary do as she likes.
　　 c. *John always *gets* Mary to do as she likes.
　　 d. *John always *has* Mary do as she likes.

(16) a. If you are interested in that scholarship, I'll *let* you know more in detail.
　　 b. *If you are interested in that scholarship, I'll *make* you know more in detail.
　　 c. *If you are interested in that scholarship, I'll *get* you to know more in detail.
　　 d. *If you are interested in that scholarship, I'll *have* you know more in detail.

(15) は、「ジョンは、いつもメアリーに好きなようにさせる」という意味なので、メアリーが望むことをジョンが許容／許可したり、禁止しないので、メアリーはやりたいようにできるわけです。そのため、let が用いられます。ここでは、ジョンは、メアリーの行動を強制／説得／指示しているのではないので、make, get, have を用いた (15b-d) は不適格です。同様に (16) は、「あなたがその奨学金に関心があるなら」という副詞節があるため、話し手が聞き手にその奨学金の詳細を知らせるという事象は、聞き手の希望を話し手がかなえることによって生じます。よってこの場合も、let が用いられます。話し手が聞き手に強制／説得／指示し

て奨学金の詳細を知らせるのではないので、make, get, have を用いた (16b-d) は不適格です。

この考察から、次のような文ではなぜ let が用いられないかもおのずと明らかになります。

(17) a. *The devil *let* me do it.（悪いことをした際の言い訳）(= 前章の (11d))

b. *The lightning *let* the little girls cover their heads. (= 前章の (12d))

c. *I *let* him wash my car, though he didn't seem to want to.

d. Student: I need Professor Smith's signature on this application.

Secretary: All right. *I'll *let* him sign it and give it back to you tomorrow morning. (cf. 4b)

悪いことをした際の言い訳の文として、(17a) のように let を用いると、話し手が悪いことをしたかったのを悪魔がさせてくれたという意味になってしまいます。そのため、言い訳として成立せず、(17a) は不適格です。(17b) では、少女たちが頭を覆いたかったのではなく、稲妻が強制的に少女たちにそうさせたのです。そのため、let が表わす許容の意味と矛盾し、(17b) は不適格になります。さらに (17c) では、「彼」は話し手の車を洗いたそうではなかったにもかかわらず、話し手が彼に車を洗わせているため、let が表わす許容の意味と矛盾します。よって、(17c) も不適格です。また、(17d) では、秘書は教授に職務上の関係に基づいてサインを依頼するわけで、そのサインを教授が頼む前から望んでいるわけではありません。よって、let が表わす許容の意味と適合せず、この文も不適格となります。

それでは、目的語が無生物の場合はどうでしょうか。次の対比を考えてみましょう。

(18) a. Mary inadvertently *let* the flowers droop.
b. *Mary inadvertently *made* the flowers droop.
c. *Mary inadvertently *got* the flowers to droop.
d. *Mary inadvertently *had* the flowers droop.

花は、普通、水をかけたりしなければ、しおれてしまいます。(18) では、inadvertently という副詞があるために、メアリーがうっかりしていて（水をやったりするのを忘れてしまっていて）花がしおれたことが示されています。つまり、メアリーは、花をなるがままに放ってしまっていて、しおれさせたことになります。この「何もしないで放っておく」という意味と、(15a), (16a) で観察した「許容」の意味の共通点は、使役主の被使役主や使役事象に対する「無干渉」です。よって、let を make, get, have と区別する重要な要素は、「無干渉」である、ということができます。(18) では、メアリーは花がしおれるのを強制的に引き起こしたのではなく、苦労／努力して引き起こしたのでもありません。また、メアリーは、花に何もしなくて、つまり「無干渉」によって、しおれさせたのであり、間接的に（何かをして）しおれさせたのではありません。よって、make, get, have が用いられた (18b-d) は不適格です。

Mary inadvertently *let* the flowers droop.
「メアリーはうっかりしていて、花をしおれさせてしまった。」

前章の冒頭で触れたビートルズの "Let it be" や、次の "Let it snow" にも、同様のことがあてはまります。

(19)
Oh, the weather outside is frightful,	ああ、外はひどい天気
But the fire is so delightful,	でも暖炉の火はとても暖か
And since we've no place to go,	どうせ私たちは
Let it snow, let it snow, let it snow.	行く所もないし
	雪よ降れ、降れ、雪よ降れ

Let it be (「なすがままに」) や (19) の Let it snow (「雪を降らせておきましょう」) は、「ある状態がなるようになるのを、何もしないで (無干渉で)、そのまま放置しておきましょう」とか、「雪が降るのを、何もしないで (無干渉で)、そのまま放置しておきましょう」という意味であり、上で指摘した let 使役の表わす意味に合致します。

以上から、let 使役文の使役主と被使役主の関係は (20) のようにまとめられ、この点をもとに次の制約を立てることができます。

(20)

	使　役　主	被使役主
Let 使役	無干渉（許容、放置）	抵抗なし 希　望、 自然発生

《Let 使役文の意味的／機能的制約》

使役動詞の let は、被使役主が希望したり、自然にそうなる事象を、使役主が無干渉（許容、放置）により引き起こす場合に用いられる。

逆に言えば、let は、被使役主が「抵抗」する事象や、使役主が強制、説得、指示したり、苦労／努力して引き起こす事象には用いられない。

まとめ

　前章と本章では、make / get / have / let 使役文が用いられるための意味的／機能的制約を明らかにし、これらの使役文の使役主と被使役主の関係が次のようになっていることを示しました。

(21)

	使役主	被使役主
Make 使役	強制 被使役主に対する直接的働きかけ	抵　抗
Get 使役	説得、苦労／努力 被使役主に対する直接的働きかけ	抵　抗
Have 使役	社会習慣的な制御力による指示や 常套的な物理的制御力の使用 被使役主に対する間接的働きかけ	抵抗なし
Let 使役	無干渉（許容、放置）	抵抗なし 希望、 自然発生

　この表から分かるように、使役事象が引き起こされることに対して、使役主が関与する度合いは、make 使役の場合が最も強く、get 使役、have 使役、let 使役へと弱くなっています。つまり、make 使役の場合は、使役主が被使役主に直接的に働きかけて、強制的に使役事象を引き起こすのに対し、get 使役、have 使役へと、使役主はより穏健な手段を用いて使役事象を引き起こします。そして let 使役では、使役主はただ許容あるいは放置するだけで使役事象を引き起こすわけですから、使役主の関与する度合いは一番弱いと言えます。

　次に、使役事象が引き起こされることに対して、被使役主が「抵抗」する度合いを考えてみると、make, get 使役の場合が最も強く、have 使役、let 使役へと弱くなっています。

　ここで、他動詞と自動詞の両方で用いられる stop と explode を例にして、他動詞文も含め、使役文の意味の違いを整理しておきましょう。

(22) a. The traffic officer *stopped* the car.（他動詞文）
　　 b. The terrorists *exploded* the bomb.（他動詞文）

(22a) の他動詞文は、前章で観察したように、「交通整理の警官がその車を止めた」と述べているだけで、警官が車を止めるのに用いた手段や、車が止まることに対する抵抗の有無を問題にしないので、このような事象が起きる典型的なケース、おそらく警官が手をあげてストップサインを出して、車が止まったという意味に解釈されるのが普通です。同様に (22b) の他動詞文でも、テロリストが爆発を起こさせるのに特別なことをしたかどうかについて何も述べていないので、普通の手段で、たとえば爆破装置のスイッチを押したりして、爆発を起こしたと解釈されるのが普通です。

　次に make 使役文を見てみましょう。

(23) a. The traffic officer *made* the car *stop*.（make 使役文）
　　 b. The terrorists *made* the bomb *explode*.（make 使役文）

(23a) の make 使役文は、これも前章で観察したように、車が止まろうとしなかったのを警官が警笛を吹いたり、運転手を怒鳴りつけて止まるようにしたという含意があります。また (23b) の make 使役文でも、爆発を引き起こすのが困難で、テロリストが強制的手段を使って爆発させたという含意があります。

　次は、get 使役文です。

(24) a. The traffic officer *got* the car to *stop*.（get 使役文）
　　 b. The terrorists *got* the bomb to *explode*.（get 使役文）

(24a) の get 使役文は、警官がドライバーを説得したり、苦労／努力してやっと止めたという含意があり、(24b) の get 使役文も、テロリストが爆発を引き起こすのが困難で、苦労／努力してやっと爆発させたという含意があります。

さらに have 使役文を見てみましょう。

(25) a. The traffic officer *had* incoming cars *stop* because he heard fire engine sirens.（have 使役文）
b. The terrorists *had* a dozen bombs *explode* in front of the polling stations by hiring teenage suicide bombers.（have 使役文）(=9)

(25a) の have 使役文は、消防自動車のサイレンを聞いた交通整理の警官が、車を止める当然の職権をもっており、その社会習慣的制御力により、車（ドライバー）を止め、車も、警官の指示どおり、止まることに何も抵抗を示さなかったと述べています。また (25b) の have 使役文は、本章で観察したように、テロリストが、爆弾を爆発させるのに、常套的な物理的制御力（コントロールできる力）をもっており、自分たちが直接爆弾を爆発させたのではなく、１０代の自爆兵を雇って、間接的に爆弾を爆発させたと述べています。

最後に、let 使役文を見てみましょう。

(26) a. The traffic officer *let* the car *stop* in the middle of the intersection.（let 使役文）
b. The police *let* the time bomb *explode* because it was too dangerous to inactivate the timing device.（let 使役文）
「警察は、時限装置を止めることがあまりに危険だっ

たので、その時限爆弾が爆発するにまかせた。」

(26a) の let 使役文は、車（ドライバー）がタイヤのパンクか何かの理由で、交差点の真ん中に止まりたかったので、警官がそれに干渉しなかった（許可した）という意味ですし、(26b) の let 使役文も、時限爆弾の爆発を警察が「放置」せざるを得なかったという意味になっています。

　以上の例から、他動詞を用いた使役形を含め、make, get, have, let 使役が、それぞれの状況に応じて適切に用いられていることがお分かりいただけると思います。

第8章

分 裂 文 の 謎

分裂文（強調構文）

英語には、次の (1b, c) に代表されるような「分裂文」(It-Cleft) と呼ばれる構文があります。この構文は、学校文法では「強調構文」と呼ばれてきました。

(1) a. John hates Mary.
  b. It's Mary that John hates.
  c. It's John that hates Mary.

この構文は、(1a) のような普通の文から、1つの強調したい要素を取り出してその文から「分裂」させ、"It is/was X that/who..." のXの位置に置き、取り出された要素が欠けている文を that/who の後ろの ... の位置に置くことによってできる構文です。

分裂を受ける要素は、(1b) では、動詞の目的語の Mary 、(1c) では、動詞の主語の John です。そのほか、前置詞の目的語、前置詞句など、さまざまな文法機能の要素が分裂文のXの位置に現われることができます。

(2) a. John showed the picture to Mary.
  b. It was *Mary* that John showed the picture to.
  c. It was *to Mary* that John showed the picture.

(3) a. John went to Paris with Mary.

b. It was *Mary* that John went to Paris with.

c. It was *with Mary* that John went to Paris.

(2a) の前置詞句 to Mary は、この文が文法的となるために必要な前置詞句です。他方、(3a) の前置詞句 with Mary は、仮になくてもこの文は文法的になるので、必ずしも必要ではない副詞的前置詞句です。(2b, c), (3b, c) の分裂文が適格であるということは、分裂文規則が、問題の前置詞句が必要なものであるか否かにかかわらず、前置詞の目的語、あるいは前置詞句全体に適用できることを示しています。

これまで見てきた分裂文は、いずれも、対応する非分裂文が肯定文でしたが、次の例は、否定文にも分裂文規則が適用できることを示しています。

(4) a. John doesn't like Mary.

b. It's Mary that John doesn't like.

(5) a. John didn't show the picture to Mary.

b. It was Mary that John didn't show the picture to.

c. It was to Mary that John didn't show the picture.

さて、次の (6b, c) と (7b, c) の適格性の違いを見て下さい。

(6) a. John didn't go to Paris last summer.

b. It was Paris that John didn't go to last summer.

c. It was to Paris that John didn't go last summer.

(7) a. John doesn't live in Paris.

b. *It's Paris that John doesn't live in.

c. *It's in Paris that John doesn't live.

(6b, c) は適格なのに、(7b, c) はどうして不適格なのでしょう。本章では、分裂文の意味を考察しながら、この謎を解くことにします。

分裂文の「前提」と「断定」

まず、次の通常の文（非分裂文）を見てみましょう。

(8)　a.　John hates Mary.
　　　b.　John hates nobody.

(8a) は、「ジョンはメアリーが嫌いだ」という陳述（文の表わす意味内容）が真である、と述べた話し手の「断定」(Assertion) を表わす文です。この文の話し手は、「ジョンには誰か嫌いな人がいる」というような「前提」(Presupposition) を特にしてはいません。したがって、"John hates X" という文は、(8b) のように、「ジョンには誰も嫌いな人がいない」という陳述をするときにも用いることができます。

　次に、(8a, b) に対応する (9a, b) の分裂文を見てみましょう。

(9)　a.　It's Mary that John hates.　(=1b)
　　　b.　*It's nobody that John hates.

(8b) に対応する (9b) の分裂文は、不適格です。これは、分裂文 "It is X that John hates" が、「ジョンは誰か嫌いな人がいる」という陳述が真であることを話し手が「前提」としているときにだけ用

いることができる、ということを示しています。そうすると、(9a) は、「ジョンには誰か嫌いな人がいる」ことを前提とし、「その人はメアリーである」ことを断定する文ですから、前提と断定との間に矛盾がなく適格になります。一方 (9b) は、「ジョンには誰か嫌いな人がいる」ことを前提としているにもかかわらず、「その人は、誰でもない」と断定する文ですから、前提と断定との間に矛盾があって、不適格となるわけです。この点を次のフローチャートにまとめてみます。

It's Mary that John hates. (=9a)

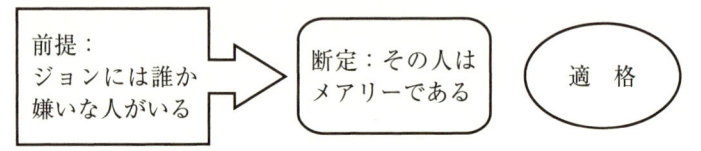

前提：
ジョンには誰か嫌いな人がいる → 断定：その人はメアリーである　　適　格

*It's nobody that John hates. (=9b)

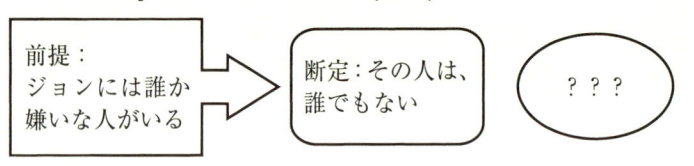

前提：
ジョンには誰か嫌いな人がいる → 断定：その人は、誰でもない　　？？？

　上に観察したことを規則化して次に示します（なお、be 動詞の is, was, has been, will be, may be などは BE と表記し、that/who は that で代表させます。また、S/ は、文（=S(entence)）の中のある要素が分裂して X の位置に置かれた結果、その要素が欠けた文を表わします）。

> 《分裂文の機能的意味》
>
> 分裂文 "It BE X that S/" は、S/ が真であることを前提とし、S/ に欠けている要素(「誰か、何か、どこか」など)がXであることを断定する文である。

ここで、肯定分裂文とその否定形とを比較してみましょう。

(10) a. It's Mary that John hates.
     b. It isn't Mary that John hates.

(10a) は、すでに述べたように、ジョンには誰か嫌いな人がいるということを前提とし、その誰かがメアリーであることを断定する文です。(10b) は (10a) の否定形ですが、この文は (10a) と同様に、ジョンには誰か嫌いな人がいることを前提とし、その誰かがメアリーであるという断定を否定する文です。分裂文 (10b) が否定文であるにもかかわらず、それが依然として S/ (すなわち、ジョンが誰かを嫌っていること) を前提としていることは、(11b) の文連続が不適格であることからも分かります。

> 前提：なし

(11) a. John doesn't hate Mary. As a matter of fact, he doesn't hate anybody.

> 前提：ジョンには嫌いな人がいる

b. It isn't Mary that John hates. *As a matter of fact, he doesn't hate anybody.

(11a) の最初の文は、ジョンがメアリーを嫌っているという断定を否定する文です。この文は分裂文ではありませんから、ジョンには誰か嫌いな人がいる、という前提を含んでいません。したがって、2番目の文で、ジョンは誰も嫌いな人がいない、という断定を行なっても、最初の文で述べられていることと何ら矛盾しません。(11a) の文連続が適格なのはこのためです。他方、(11b) の最初の文は分裂文ですから、ジョンには誰か嫌いな人がいるという前提を含んでいます。ところが、2番目の文は、ジョンが誰かを嫌っているという断定を否定しています。(11b) の文連続が不適格なのは、この矛盾によるものです。

同様、《分裂文の機能的意味》は、(12b) の文連続がどうして不適格かも自動的に説明することができます。

(12) a. John didn't go to the movies with Mary last night. As a matter of fact, he went by himself.

b. It wasn't Mary that John went to the movies with last night.
      *As a matter of fact, he went by himself.

(12a) の最初の文は分裂文ではありませんから、この文には「ジョンが昨夜誰かと映画を見に行った」という前提が含まれていません。したがって、2番目の文で、「ジョンは一人で行った」と断定することに何ら矛盾がありません。この文連続が適格なのはそのためです。他方、(12b) の最初の文は分裂文ですから、この文は、「ジョンが昨夜誰かと映画を見に行った」ことを前提とし、その誰かがメアリーであることを否定する文です。ところが、2番目の文は、「ジョンは一人で行った」という、最初の文の前提と矛盾した断定を行なっています。この文連続が不適格なのは、この理由によります。

(11) と (12) で、肯定分裂文に含まれている S/ という前提は、それらの肯定文全体が否定されても、そのまま残ることを示しました。これは、文に含まれている前提の一般的な特徴ですが、この問題については、第9章で詳しく検討することにします。

分裂文の文脈的制約

上に、"It BE X that S/" パターンの分裂文には、S/ が真であるという話し手の前提が含まれている、という点を示しました。話し手が S/ が真であることを前提とするためには、話し手がすでに S/ が真である、という断定を先行文脈で行なっていて、聞き手がそれが真であるかもしれない、と思っていると想定できるか、聞き手が S/ が真であると思っているかもしれないということを明らかにする発話を先行文脈でしていることが必要です。たとえば、次の文連続を見て下さい。

(13) a. John and Mary each lost something precious on the same day. It was a wedding ring that John lost. (Mary lost a pearl necklace his mother gave her.)

b. Speaker A: I heard that Mary lost a wedding ring.
Speaker B: No, it was a pearl necklace that she lost.

(13a) では、話し手は最初の文で、ジョンとメアリーが何かをなくしたという断定を行なっています。したがって、同じ話し手が2番目の文で、「ジョンが何かをなくした」ことを前提とする分裂文を使うことに、何の問題もありません。同様に (13b) では、話し手 A がメアリーが何かをなくしたかもしれないと思っていることを明らかにしています。したがって、話し手 B は、「メアリーが何かをなくした」という前提を含んだ分裂文を用いることによって、話し手 A の理解（メアリーがなくしたものは結婚指輪だったという理解）とは異なった断定（メアリーがなくしたものは真珠のネックレスだったという断定）を行なうことができます。

他方、聞き手が S/ が真かもしれないと思っていると想定できるような文脈がない状況では、話し手は、S/ を含んだ分裂文を用いることができません。次の例を見てみましょう。

(14) 文脈：ジョンが隣のメアリーの家のドアベルを押す。メアリーがドアを開ける。

a. Hi, Mary. I want to borrow from you a bowl of sugar.

b. Hi, Mary. *It's a bowl of sugar that I want to borrow from you.

c. Hi, Mary. It's a bowl of sugar that I want to borrow from you *this time*.

(14) の文脈で (14b) は不適格ですが、(14c) は適格です。この２つの文の違いは、this time という副詞が文末に現われているかいないかだけです。(14c) を読むと、この副詞のおかげで、ジョンは、何かを借りに何度もメアリーの家のドアベルを押しているのだな、ということが想像できます。つまり、ジョンは、ドアベルを押すことによって、自分がメアリーから何かを借りたがっている、というメッセージをメアリーに伝えることができた、と想定することができます。したがって、ジョンは、「私は、あなたから今何かを拝借したいと思っている」ことを分裂文の S/ の位置で前提として用いても、メアリーの考えを無視した独りよがりの発話にはなりません。(14c) が適格なのはこの理由によります。

他方、(14b) には、this time という副詞がありませんから、この文を読んだ人には、ジョンがいつもメアリーのところにいろいろなものを借りにくる、ということが想像できません。それで、ジョンには、「自分がメアリーから何かを借りたがっているかもしれない、とメアリーが想像している」などと独りよがりの考えをもつ資格がない、と判断し、この文を、前提にしてはいけない意味内容を前提とした不適格文と判断するわけです。もちろん、ジョンがいつも何かを借りにメアリーの家のドアベルを押すというような状況がない場合でも、もしジョンが「借りたいものがあ

るので、今からそちらに行ってもよいか」と前もってメアリーに電話をしてから、メアリーの家に行き、ドアベルを押して(14b)を発話したと想定すれば、この分裂文は完全に適格な文となります。なぜなら、この状況のもとでは、ジョンには、「自分が何かをメアリーから借りたがっている」とメアリーが考えていると想定する根拠が十分あるので、この意味内容を前提とする資格があるからです。

上の観察を下に規則化して示します。

> **《分裂文の文脈的制約》**
> 分裂文 "It BE X that S/" は、S/ が表わす意味内容が、聞き手の意識の中にあると話し手が想定する資格があるときにのみ用いられる。

次に、分裂文に含まれる前提の性格をもう少し詳しく調べてみましょう。まず、次の (b) と (c) を比べてみて下さい。

(15)　a.　John hid the money under the living room rug.
　　　b.　It was *the living room rug* that John hid the money under.
　　　c.　It was *under the living room rug* that John hid the money.

(15b) は、対応する非分裂文 (15a) の前置詞句の目的語だけを分裂させることによってできた分裂文で、(15c) は、その前置詞句全体を分裂させることによってできた分裂文です。分裂文の前提についての仮説《分裂文の機能的意味》によれば、(15b) の under は S/ の一部ですから、それが表わす意味、つまり、「何かの下に (お金を隠した)」は、この文の前提の一部になっているはずです。

一方、(15c) の under は、S/ の一部ではありませんから、「(何かの) 下に (お金を隠した)」は、(15c) の前提の一部ではないと考えられます。つまり、(15b) で話し手が前提としているのは、「ジョンがそのお金を<u>何かの下に</u>隠した」ことであり、(15c) で話し手が前提としているのは、「ジョンがそのお金を<u>どこかに</u>隠した」ことだと想定できます。この想定が正しいことは、次の文連続から明らかです。

(16)　　Mary hid the money somewhere, but I don't know exactly where.
「メアリーはそのお金をどこかに隠しましたが、正確にどこだったかは知りません。」

　　a. All I know is it wasn't *under the living room rug* that she hid it.
「私が知っているのは、彼女がそれを隠したのが、居間のじゅうたんの下ではなかったということだけです。」

　　b. *All I know is it wasn't *the living room rug* that she hid it under.
「私が知っているのは、彼女がそれを (その) 下に隠したのが、居間のじゅうたんではなかったことだけです。」

(16) の1番目の文は、メアリーがお金をどこかに隠したとは述べていますが、何かの下に隠したのか、何か (たとえば高い食器戸棚) の上に隠したのか、何か (たとえばステレオセット) の後ろに隠したのか、何か (たとえば、台所戸棚の引き出し) の中に隠したのかについては、何も言っていません。したがって、話し手

は、「(何かの) 下に (隠した)」を前提の一部とすることはできません。(16b) がこの1番目の文の連続として不適格だと判断されるのは、under が S/ の一部であることによって、前提の一部である、と解釈せざるを得ないことに起因しています。ここで、(16b) の不適格性はそれほどひどくない、と判断する話し手も一部いますが、このような話し手は、お金を隠すのは何か（たとえばベッドのマットレス、じゅうたん、ソファのマット）の下に違いないという先入観をもって、(16) の1番目の文を読んだ人に違いありません。

分裂文の含意

次の (a) の文連続と (b) の文連続を比べてみましょう。

(17)　a.　John hates Mary. He hates Bill also.
　　　b.　It's Mary that John hates. *He hates Bill also.

(17b) の文連続がなぜ不適格かを説明するためには、最初の文の断定と2番目の文の断定に矛盾がある、と想定しなければなりません。ということは、分裂文 "It BE X that S/" は、今話題になっている集合（グループ）の中で、X 以外には S/ を満足させるメンバーはない、という含意をもっているということになります。つまり、今話題になっている集合（グループ）が、{Bill, Martha, Mary, Jane, Tom} という5人の集合である、と想定して、(17a) の John hates Mary は、「ジョンはメアリーが嫌いだ」と言っているだけで、その集合の他のメンバーについては、好きか嫌いか何も言っていません。一方、(17b) の It's Mary that John hates は、「ジョンはメアリーが嫌いだ」と断定しているだけでなく、「ジョンは、

このグループの他のメンバーは誰も嫌いではない」という含意をもっていることになります。

It's Mary that John hates.

含意：嫌いではない

Mary

断定：嫌い

上の観察を規則化して次に示します。

《分裂文の含意》

分裂文 "It BE X that S/"（たとえば、It's Mary that John hates）は、話題になっている集合（たとえば、{Bill, Martha, Mary, Jane, Tom}）のX以外のメンバーについて、〜S/（S/の否定、たとえば、John does not hate __）が真であることを含意する。

《分裂文の含意》は、なぜ次の分裂文 (18b) が不適格であるかも自動的に説明できます。

(18)　a.　John hates Mary also.

　　　b. *It's Mary also that John hates.

(18b) の分裂文は、ジョンが嫌いなのは、先行文脈であげた人たちもそうだが、メアリーもそうだ、と述べようとしています。つまり、also があるために、ジョンはメアリー以外にも嫌いな人がいるという含意が生じます。しかし、この含意は、「分裂文のXの位置に現われる要素以外に、S/ を満足させる要素はない」という分裂文の含意と真っ向から対立します。したがって、この文が不適格となるわけです。

*It's Paris that John doesn't live in. は なぜ不適格か？

これで、本章の始めで問いかけた謎を解く準備ができました。

(6)　a.　John didn't go to Paris last summer.
　　 b.　It was Paris that John didn't go to last summer.
　　 c.　It was to Paris that John didn't go last summer.
(7)　a.　John doesn't live in Paris.
　　 b.　*It's Paris that John doesn't live in.
　　 c.　*It's in Paris that John doesn't live.

(6), (7) で話題になっている都市の集合が {London, Paris, Rome, Berlin, Madrid} だとしましょう。たとえば、分裂文 (6b) は、パリ以外のすべての都市について、〜S/ (S/ の否定) が真であることを含意します。S/ は John didn't go to _ last summer ですから、S/ の否定は、否定文の否定、すなわち肯定文の John went to _ last summer ということになります。つまり、(6b) は、「ジョンは話題になっている都市のうちで、パリ以外のすべての都市−ロンドン、ローマ、ベルリン、マドリード−に行った」ことを含意しま

す。この含意には、何も問題がありません。(6b) が適格文であるのは、この理由によります。

次に (7b) の含意を考えてみましょう。この文の S/ は、John doesn't live in __ です。したがって、〜S/ は John lives in __ ということになります。ということは、(7b) の含意は、「ジョンは、話題になっている都市のうちで、パリ以外のすべての都市 − ロンドン、ローマ、ベルリン、マドリード − に住んでいる」ということになります。(7b) が不適格文であると判断されるのは、この含意がありそうもない状況を表わしているからです。

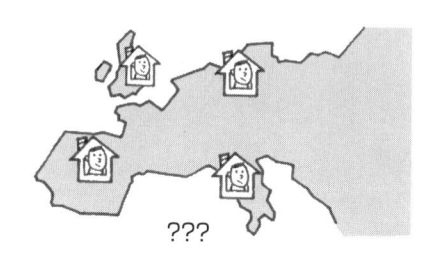

《分裂文の含意》は、次の (a) 文と (b) 文の対比も説明することができます。

(19) a. *It was on the chair that Mary didn't put the vase.
     b. It was in Room 315 that Mary didn't put the book.

(19a) の S/ は Mary didn't put the vase __ ですから、〜S/ は、Mary put the vase __ ということになります。ある特定の花瓶を置き得る場所の集合が ｛the table, the bureau, the chair, the floor｝ だとすると、(19a) の分裂文の含意は、メアリーが椅子以外のすべての場所 − テーブル、タンス、床 − にその花瓶を置いたということに

なります。ひとつの花瓶をこれら3つの場所に置くことはできません。(19a) が不適格だと判断されるのは、この理由によります。特殊な文脈で、メアリーが花瓶を置く場所はどこがよいかをテストして、テーブル、タンス、床に置いてみたが、椅子の上には置いてみなかった、という状況を表わす文としては、(19a) は適格文となります。しかし、普通に (19a) を聞いた英語の話し手には、このような特殊な状況が頭に浮かびませんから、この文は不適格と判断されるわけです。

(19b) の S/ は Mary didn't put the book ＿ です。したがって、~S/ は、Mary put the book ＿ ということになります。メアリーがホテルの従業員だとすると、(19b) の含意は、メアリーが 315 号室以外のすべての部屋にその本を置いたということになります。本、たとえば聖書、には、多数のコピーが存在します。ですから、メアリーが 315 号室以外のすべての部屋に聖書のコピーを置いた、という状況は容易に起こり得る状況です。(19b) が適格文と判断されるのは、この理由によります。したがって、不適格文 (19a) と適格文 (19b) の違いは、本には通常多数のコピーがあるが、花瓶には、通常コピーがないという違い、そしてこの違いが、この2つの分裂文が表わす含意を起こり得ない事象（(19a)）と容易に起こり得る事象（(19b)）にしていることに起因している、と説明することができます。

さらに次の2つの (b) 文を比較してみましょう。

(20) a. John didn't fly here from Boston.
　　 b. *It was Boston that John didn't fly here from.
(21) a. John didn't hear from Mary.
　　 b. It was Mary that John didn't hear from.

分裂文 (20b) の S/ は、John didn't fly here from __ ですから、〜S/ は John flew here from __ ということになります。ですから (20b) の含意は、ジョンは、話題になっている都市のうちで、ボストン以外のすべての都市を出発点として発話の場所に飛んできた、ということです。もし (20a) がジョンの特定の飛行機旅行の話をしているのなら、(20b) は、その旅行で多数の都市から同時に飛び立ったという起こり得ない出来事を述べていることになり、不適格文と判断されます。他方、もし (20a) がジョンの発話の場所への過去の旅行歴の話をしているのなら、(20a) はあり得ることを述べている文となります。なぜなら、この文の含意は、「ジョンはいつも違ったところから発話の場所に飛んできたが、出発点の記録をとってみたら、(米国の国際空港のうちで) ボストン空港以外のすべての空港からここに飛んできたことがあった」ということになるからです。英語の話し手が (20b) を文脈なしで聞いたとき、この文を不適格だと判断するのは、このような特殊な文脈がすぐには頭に浮ばないためだ、と考えられます。

他方、分裂文 (21b) の S/ は John didn't hear from __ ですから、〜S/ は John heard from __ です。(21b) の含意は、「ジョンは話題になっている人たちのうちで、メアリー以外のすべての人たちから連絡を受けた」ということになります。この含意は、容易に起こり得る状況を表わしているので、(21b) が何の問題もない適格文、と判断されるわけです。

まとめ

本章で考察した仮説を次にあげます。それぞれの仮説の下に、その仮説を立てる根拠となった例文を示します。

> ### 《分裂文の機能的意味》
> 分裂文 "It BE X that S/" は、S/ が真であることを<u>前提</u>とし、S/ に欠けている要素(「誰か、何か、どこか」など)がXであることを<u>断定</u>する文である。

(11b)　It isn't Mary that John hates.　*As a matter of fact, he doesn't hate anybody.

> ### 《分裂文の文脈的制約》
> 分裂文 "It BE X that S/" は、S/ が表わす意味内容が、聞き手の意識の中にあると話し手が想定する資格があるときにのみ用いられる。

(14)　文脈:ジョンが隣のメアリーの家のドアベルを押す。メアリーがドアを開ける。
　a.　Hi, Mary. I want to borrow from you a bowl of sugar.
　b.　Hi Mary. *It's a bowl of sugar that I want to borrow from you.
　c.　Hi Mary. It's a bowl of sugar that I want to borrow from you this time.

> ### 《分裂文の含意》
> 分裂文 "It BE X that S/"(たとえば、It's Mary that John hates)は、話題になっている集合(たとえば、{Bill, Martha, Mary, Jane, Tom})のX以外のメンバーについて、〜S/ (S/ の否定、たとえば、John does not hate __) が真であることを含意する。

(19)　a. *It was on the chair that Mary didn't put the vase.

b. It was in Room 315 that Mary didn't put the book.

第9章

前提と間接話法

直接話法と間接話法

大学の英語の試験に次の問題が出たとします。

(1) 下の直接話法の文を間接話法の文に書き換えなさい。
　a. Mary says, "John never tells lies."
　b. Mary says, "John, who is honest, never tells lies."

おそらくすべての学生が、次のように答えるでしょう。

(2) 　a. Mary says that John never tells lies.
　　b. Mary says that John, who is honest, never tells lies.

先生は、まず間違いなく、上の回答に百点満点をつけることと思います。ところが、実は、(2b) は間違った答えなのです。どこが間違っているかというと、(1b) では、「ジョンは正直である」と思っているのが、メアリーなのに対し、(2b) では、そう思っているのがメアリーではなく、この文全体の話し手であるという点です。言い換えれば、(1b) では、メアリーが「ジョンは正直である」ということを「前提」(Presupposition) としているのに対し、(2b) では、メアリーではなく、この文全体の話し手がそれを「前提」

としているという点です。ですから、(2b) は (1b) と同じ意味の文とは言えません。(1b) の直接話法の文の意味を変えないで間接話法の文にするには、(2b) ではなく、次のように言わなければなりません。

(3)　　Mary says that John, who *she says* is honest, never tells lies.

「前提」とは何か

前節で、(2b) (= Mary says that John, who is honest, never tells lies) は、話し手が John is honest が真であることを「前提」とする文である、と述べました。第8章でも、同じ「前提」という概念を用いて、"It BE X that S/" パターンの分裂文は、S/ を前提とする、という仮説を立てました。ここでもう少しつっこんで、「前提」とは何かを考えてみましょう。まず、次の文を見て下さい。

(4)　　John left.

この文は、この文の話し手が、「ジョンが去った」というのが事実であると「断定」(Assertion) する文です。この文を否定すると、その断定が失われます。

(5)　　John didn't leave.

当然のことながら、(5) は、「ジョンが去った」ということが事実であるという話し手の断定を表わしません。逆に、この文は、「ジョンが去った」ということが事実ではない、という話し手の

断定を表わしています。

次に、(6a, b) を考えてみましょう。

(6) a. Mary believes that John left.
    b. Mary regrets that John left.

ここで問題とするのは、従属節の内容が誰の意見であるかということです。直感的に言って、(6a) の "John left" は、単にメアリーの確信（belief）を表わしているだけで、話し手自身の意見を表わしているわけではありません。したがって、(6a) の話し手は、次のように話を続けることができます。

(7) <u>Mary believes</u> that *John left*,
       話し手の断定　　メアリーの確信
   a. and in fact, *he did leave*.
                  話し手の断定
   b. but in fact, *he didn't leave*.
                  話し手の断定

(7) の前半の節は、「ジョンが去った」とメアリーが信じている、という話し手の断定を表わす文です。(7a) で、話し手は、and in fact, he did leave と言っていますから、このメアリーの確信と一致する断定を行なっています。他方 (7b) では、話し手は、but in fact, he didn't leave と言って、メアリーの確信とは反対の断定を行なっています。(7a) も (7b) も (7) の前半の文に続く文として適格文です。ということは、believe という動詞の目的語である that 節の内容が、文全体の話し手の意見を表わしていないことを示しています。ですから、話し手は、メアリーの確信に同意する断定

をしてもいいし、同意しない断定をしてもいいわけです。

ところが、次に示すように、(6b) の話し手は、"John left" が真であるか否かについて、はっきりした態度を示しています。

(8) 　　　<u>Mary regrets</u> that *John left*,　*but in fact, *he didn't leave*.
　　　　話し手の断定　誰の意見？　　　　　　話し手の断定

もし (8) の前半の文が「ジョンが去った」という出来事についての単にメアリーの確信のみを表わしているのであれば、(7b) と同様、(8) の後半の文も適格文であるはずです。ところがこの文は、前半の文と矛盾する断定を行なっている、と判断されます。ということは、(8) の前半の文に、「ジョンが去った」ということが真である、という話し手の意見が含まれていることを示しています。

以上をまとめると、主節の動詞が believe の (6a) では、「ジョンが去った」とメアリーが信じているだけで、実際にはジョンは去っていないかも知れず、話し手は、そのことが真であるか否かについて何も述べていません。一方、主節の動詞が regret の (6b) では、「ジョンが去った」ことをすでに既成の事実、つまり真であると思っているという話し手の態度が明示されています。

(7) と (8) で示したように、(6a) と (6b) の間には、that 節で表わされた内容の真偽について、話し手の態度に大きな違いがあることが分かりました。この違いは、この2つの文を否定した文にも明らかに現われてきます。

(9) 　a.　Mary doesn't believe that John left.
　　　b.　Mary doesn't regret that John left.

(9a) の話し手は、that 節の陳述の真偽について、何も態度を表明

していません。その証拠に、この文のあとに、(10a) も (10b) も現われることができます。

(10) <u>Mary doesn't believe</u> that *John left,*
　　　 話し手の断定　　　　　 ジョンが去らなかったという
　　　　　　　　　　　　　　　メアリーの確信

　　a. and in fact, *he didn't leave.*
　　　　　　　　　ジョンが去らなかったという話し手の断定
　　b. but in fact, *he did leave.*
　　　　　　　　　ジョンが去ったという話し手の断定

他方 (9b) は、依然として、「ジョンが去った」という陳述が真であると話し手が考えていることを表わしています。なぜなら、次の文は矛盾した文であるからです。

(11)　Mary doesn't regret that John left, *but in fact, he didn't leave.

(11) が支離滅裂な文なのは、その前半の文が、「ジョンが去った」ことが真である、という話し手の意見を含んでいるにもかかわらず、後半の文が、「ジョンが去らなかった」という話し手の断定を含んでいるからです。

　これで、(6a) の動詞 believe の目的節と (6b) の動詞 regret の目的節の表わす内容の性格に重要な違いがあることが明らかになりました。つまり、(6a) の話し手は、この文の目的節の内容が真であるかどうかに関して、何も態度を表明していませんが、(6b) の話し手は、その目的節が表わす内容が真である、ということを「前提」としている、という違いです。少し専門的になりますが、

次に「前提」の概念を定義しておきましょう。

> 「前提」の定義
> 任意の文 S が、陳述 P を含意 (implication) し、S の否定 (〜S) も P を含意するなら、文 S の話し手は、P を前提としている。

上の定義を (6b) に適用してみましょう。

(12) S（文）　　　　＝ Mary regrets that John left. (=6b)
　　〜S（文の否定）＝ Mary doesn't regret that John left.
　　P（陳述）　　　＝ John left.

　　S の含意　　　　＝ P (=John left)　　((8) 参照)
　　〜S の含意　　　＝ P (=John left)　　((11) 参照)

よって、文 S の話し手は、P を「前提」とする。

(12) の内容を確認しておきましょう。S、つまり Mary regrets that John left. という文では、ジョンが去ったことをメアリーが残念に思っているので、当然、ジョンはすでに去っており、P、つまり John left が含意されています。この含意は、(8)（= Mary regrets that John left, *but in fact, he didn't leave.）が不適格であることからも明らかです。そして、S の否定である 〜S、つまり Mary doesn't regret that John left. という文では、ジョンが去ったことをメアリーが残念に思っていないだけで、当然、ジョンはすでに去っており、P (=John left) が含意されています。この含意は、(11)

(= Mary doesn't regret that John left, *but in fact, he didn't leave.) が不適格であることからも明らかです。よって、肯定文も否定文もジョンが去ったことを含意しているので、文 S の話し手は、P を前提としているということになります。

他方、上の定義を (6a) に適用すると、次の結果が得られます。

(13) S（文）　　　　　=　Mary believes that John left. (=6a)
　　 〜S（文の否定）=　Mary doesn't believe that John left.
　　 P（陳述）　　　　=　John left.

　　 S は P を含意しない。　((7) 参照)
　　 〜S は P を含意しない。((10) 参照)

　　 よって、文 S の話し手は、P を前提としていない。

ここでも (13) の内容を確認しておきましょう。S では、ジョンが去ったとメアリーが信じているだけで、ジョンは実際には去っていないかも知れません。同様に 〜S では、ジョンが去ったとメアリーが信じていないのが当たっていて、ジョンは実際に去ってはいないかも知れません。よって、肯定文も否定文もジョンが去ったことを含意していないので、文 S の話し手は、P を前提としていないことになります。

　目的節や主語節の表わす内容を前提とする動詞類には、regret のほかに、resent, be aware（例：John resents/is aware that Mary left without saying goodbye to him.）、tragic, odd（例：That Tom has died is tragic/odd.）などがあります。一方、目的節や主語節の表わす内容を前提としない動詞類には、believe のほかに、suppose, assume（例：John supposes/assumes that Mary has been to Holland.）、 likely, certain(例:That John is guilty is likely/certain.)などがあります。

非限定関係節の前提性

本章冒頭の (1b) にもどって、その直接話法の部分を「断定」と「前提」の観点から調べてみましょう。

(14)　　John, who is honest, never tells lies.

(12) の手順を用いて、(14) の中の非限定関係節(= who is honest)が文の前提となっているかどうかを調べてみましょう。

(15) S(文) 　　　　= John, who is honest, never tells lies.
　　〜S(文の否定)= It is not the case that John, who is honest, never tells lies.
　　P(陳述)　　　 = John is honest.

　　S の含意　　　= P (=John is honest)
　　　　　　　　　(i)　John, who is honest, never tells lies. *But in fact, he isn't honest.
　　〜S の含意　　= P (=John is honest)
　　　　　　　　　(ii) It is not the case that John, who is honest, never tells lies. *As a matter of fact, he isn't honest.

よって、文 S の話し手は P を前提としている。

(15)の内容を確認しておきましょう。John, who is honest, never tells lies. という文（=S）では、「正直なジョンは、決して嘘をつかない」と言っているので、当然、「ジョンは正直である」というPが含意されています。この含意は、(i) に示したように、それと矛盾する断定を付け加えると不適格な文連続ができることからも明らかです。またSの否定である It is not the case that John, who is honest, never tells lies. では、「正直なジョンが決して嘘をつかないというわけではない」と言っており、ここでも「ジョンは正直である」というPが含意されています。この含意は、(ii) に示したように、それと矛盾する断定を付け加えると不適格な文連続ができることからも明らかです。よって、文Sの話し手はPを前提としていることになります。

(15) に示したように、(14) 全体を "It is not the case that" で否定しても、非限定関係節の陳述 "who is honest" は否定されません。ということは、(14) の話し手は、ジョンが正直である、ということを前提として、彼が決して嘘をつかない、という断定をしているわけです。

(14) の非限定関係節の前提性は、次の文の John is honest の非前提性と興味深い対照を示します。

(16) S（文）　　　　　= John is honest, and he never tells lies.
　　 〜S（文の否定）= It is not the case that John is honest and that he never tells lies.

　　 P_1（陳述）　　= John is honest.
　　 P_2（陳述）　　= John never tells lies.

　　 Sの含意　　　　= P_1 (= John is honest)
　　 　　　　　　　　 P_2 (= John never tells lies)

～S は、P_1 も P_2 も含意しない。

よって、John is honest は、文 John is honest, and he never tells lies の前提ではない。

ここでも (16) の内容を確認しておきましょう。John is honest, and he never tells lies. という文 (=S) では、「ジョンは正直で、決して嘘をつかない」と言っているので、当然、「ジョンは正直である」という P_1 と、「ジョンは決して嘘をつかない」という P_2 が含意されています。しかし、S の否定である ～S、つまり It is not the case that John is honest and that he never tells lies. では、「[ジョンが正直で決して嘘をつかない] ということはない」と言っているので、この文は、「ジョンが正直である」(=P_1) とも「ジョンが決して嘘をつかない」(=P_2) とも言っておらず、これらの2つの内容を含意しません。よって、John is honest は、文 John is honest, and he never tells lies. の前提ではないことになります。

(14) (= John, who is honest, never tells lies.) と (16) (= John is honest, and he never tells lies.) の論理的意味は同じですが、前者の話し手が John is honest という陳述が真であることを前提としているのに対して、後者の話し手は、それを断定しているに過ぎない、という点で(14) と (16) は異なっているわけです。

(15) の考察で、(1b) が意味上、次のような構造をもっていることが明らかとなりました。この文には、文全体の話し手と、引用文の話し手の2人の話し手が関係しているので、前者を「外部発話者」と呼ぶことにします。

(1) b. <u>Mary says,</u> "John, *who is honest,* <u>never tells lies.</u>"
　　　　外部発話者の断定　　メアリーの前提　　メアリーの断定

それでは、間接話法文 (2b) は、意味上、どういう構造をもっているのでしょうか。(12) の手順を使って、この文の who is honest が Mary の前提を表わすか、外部発話者の前提を表わすかを調べてみましょう。

(17) S（文） = Mary says that John, who is honest, never tells lies. (=2b)
　～S（文の否定）= It is not the case that Mary says that John, who is honest, never tells lies.
　P（陳述） = John is honest.

　S の含意 = P (= John is honest)
　　(i) Mary says that John, who is honest, never tells lies. *But in fact, John is not honest.
　～S の含意 = P (= John is honest)
　　(ii) It is not the case that Mary says that John, who is honest, never tells lies. *But in fact, John is not honest.

よって、文 S の話し手（外部発話者）は P を前提としている。

ここでも (17) の内容を確認しておきましょう。S は、「メアリーは、正直なジョンは決して嘘をつかない」と言っており、「ジョンが正直である」(=P) が含意されています。この含意は、(i) に示したように、それと矛盾する断定を付け加えると不適格な文連続ができることからも明らかです。さらに ～S は、「［正直なジョ

ンが決して嘘をつかないとメアリーが言っている］ということはない」という日本語から分かるように、ここでも、「ジョンが正直である」(=P) が含意されています。この含意は、(ii) に示したように、それと矛盾する断定を付け加えると不適格な文連続ができることからも明らかです。よって、文 S の話し手（外部発話者）は、P を前提としていることになります。

　(2b) は上に示したように、"It is not the case that" によって文全体を否定しても、依然としてジョンは正直だということを含意しています。したがって、(2b) は、次に示すように、非限定関係節の表わす内容を外部発話者（すなわち、この文全体の話し手）が前提としていることになります。

(2) b. <u>Mary says</u> that John, *who is honest*, never tells lies.
　　　　外部発話者の断定　　外部発話者の前提　　メアリーの
　　　　　　　　　　　　　　　　　　　　　　　　断定

ここで念のため、(2b) の非限定関係節が「内部発話者」メアリーの意見を表わし得るかどうかを確かめておきましょう。次の文を見て下さい。

(18) 　Mary says that John, who is honest, never tells lies,
　　　　*but in fact, John is not honest. (=17i)

もし上の非限定関係節 who is honest がメアリーの意見を表わすことができるのなら、外部発話者は、文の後半でそのメアリーの意見と反対の断定をすることを許されるはずです。(18) が矛盾する陳述を含んだ不適格文である、と判断されるのは、前半の文の中の非限定関係節が、メアリーの意見を表わし得ないことを証明し

ています。

まとめ

前節で示した (1b) と (2b) の違いを下に対照して示しておきます。

(1) b. <u>Mary says</u>, "John,   *who is honest*,   <u>never tells lies.</u>"
　　　　外部発話者の断定　　メアリーの前提　　メアリーの
　　　　　　　　　　　　　　　　　　　　　　　　断定

(2) b. <u>Mary says</u> that John, *who is honest*,   <u>never tells lies.</u>
　　　　外部発話者の断定　　外部発話者の前提　　メアリーの
　　　　　　　　　　　　　　　　　　　　　　　　断定

直接話法文 (1b) の「ジョンが正直である」という陳述が、メアリーの意見（前提）を表わしているのに対して、間接話法文 (2b) の「ジョンが正直である」という陳述は、外部発話者の意見（前提）を表わしています。したがって、(2b) は (1b) の正しい間接話法表現ではない、ということになります。「ジョンが正直である」という陳述がメアリーの意見であることを表わすためには、本章の冒頭で示したように、次のように言わなければなりません。

(3) Mary says that John, who *she says*   is honest,   never tells lies.
　　　外部発話者　　　　　外部発話者　　　メアリー　　メアリー
　　　の断定　　　　　　　の前提　　　　　の主張　　　の主張

上の文で外部発話者が前提としているのは、「メアリーが、ジョンが正直であると言っている」ことです。「ジョンが正直である」

という陳述は、メアリーの発話の内容ですから、メアリーの主張であって、外部発話者の前提ではありません。したがって、(3)は「ジョンが正直である」をメアリーの意見とする (1b) の意味をそのまま保持している間接話法の文である、ということができます。

さらなる裏づけ

(2b) は (1b) の間接話法表現ではない、という上の考察は、次の例を見ることによって、さらに明らかになります。

(19)　　*John, who is honest, tells lies all the time.

(19) は、話し手が「ジョンは正直だ」ということを前提としておきながら、「いつも嘘をつく」という矛盾した断定をしているため、不適格です。ところが面白いことに、次の文は、不適格な (19) を埋め込んでいるにもかかわらず、まったく適格な文です。

(20)　　Mary says that *John, who is honest, tells lies all the time.*

(20) の文の who is honest が、メアリーの「ジョンは正直だ」という断定か前提を表わしているとすれば、それはメアリーの「ジョンはいつも嘘をつく」という断定と矛盾しますから、この文が (19) と同様、不適格となるはずです。(20) が適格であるという事実は、who is honest がメアリーの断定あるいは前提ではなくて、外部発話者（この文全体の話し手）の前提である、というこの章の仮説で、自動的に説明できます。

(21) Mary says that John, *who is honest*, tells lies all the time. (=20)
　　　　外部発話者の前提　　メアリーの断定

(20) が適格であるのは、外部発話者の意見（前提）とメアリーの断定とが一致する必要がないからです。

　次の２つの文の関係は、(19) と (20) の関係とまったく同じです。

(22)　　*That honest man is a liar.
(23)　　 Mary says that *that honest man is a liar*.

(22) は、「あの正直な人は不正直である」という矛盾した文なので、不適格です。他方、この矛盾した文を埋め込み文にした (23) は、完全に適格な文です。いったい、(23) に対応する直接話法文は何なのでしょうか。メアリーが問題の男性を指すのにどういう対称詞（人を指す表現）を用いたかによって、(23) に対応する直接話法文は無限に存在しますが、仮に、その男性を "my ex-husband"（（離婚した）前の夫）という表現を使って指したとしましょう。

(24)　　Mary says, "*My ex-husband* is a liar."

外部発話者は、その男性を指すのに、(25a) のように、メアリーが用いたのと同じ表現を使うこともできますし、(25b-d) のように、自分が適当だと思う他の表現を使うこともできます。

(25)　a.　Mary says that *her ex-husband* is a liar.
　　　b.　Mary says that *John* is a liar.

c. Mary says that *my best friend* is a liar.

d. Mary says that *that honest man* is a liar. (=23)

(25b-d) の John、my best friend 、that honest man は、(24) でメアリーが my ex-husband という表現を用いて指した男性と同じ人物を指すために、外部発話者が選んだ表現です。(25d) (=23) が矛盾した文でないのは、問題の男性が嘘つきだというのは、メアリーの意見で、その男が正直だというのは、外部発話者の意見であるから、その間に矛盾がないからです。

外部発話者の意見

⇩

(26)　　Mary says that that honest man is a liar. (=23/25d)

‖

"My ex-husband is a liar"

⇧

メアリーの意見

この事実は、間接話法節の中で用いられる指示対象をもつ名詞句が表わす陳述（たとえば (25d) で、that honest man が表わす that man is honest という陳述）が、外部発話者（つまり、その文全体の話し手）の前提を表わしていることを示しています。

まとめ

第1章

《進行形の意味》

進行形は、ある動作、出来事が、一定の時間内で進行、連続し、終了していないことを表わす。

状態動詞でも進行形が用いられる場合

1 意図的な一時的状態の連続を表わす場合

　　We are living in Tokyo.

　　I am hoping she isn't mad at me.

2 少しずつ変化している状態の連続体を表わす場合

　　I am liking you more and more each week.

　　I am understanding English bit by bit.

3 一時的状態が繰り返し起こることを表わす場合

　　I am hearing strange noises.

　　I'm forgetting things these days.

第2章

1 他動詞能動文が受身形になるための基本条件

> **《総体的ターゲット性制約》**
>
> 能動形他動詞文は、目的語の指示対象が、動詞が表わす動作の<u>総体的ターゲット</u>を表わす場合にのみ、受身形を作ることができる。(すべての受身文が満たさなければならない制約)
> 違反例：a. *Mary was approached by a speeding car.
> 　　　　b. *The University of Hawaii was quit by Professor Smith in 1960.

2　受身文は、《状態変化制約》か、《主語性格づけ機能》のどちらかを満たさなければならない。

> **《状態変化制約》**
>
> 受身文は、その動詞が表わす動作が、その主語の指示対象の状態に変化をもたらしたことに関心を寄せる構文である。
> 　The purse was picked up from the street by a passerby.
> 　Today's mail was delivered by our regular mailman.

> **《主語性格づけ機能》**
>
> 受身文は、話し手がその主語を性格づけるときに用いられる。
> 　*Hamlet* was read even by John.
> 　*Hamlet* has been read by millions of people all over the world.

3　受身文は、さらに《受身文の主語寄り視点制約》を満たさなければならない。

> **《受身文の主語寄り視点制約》**
>
> 受身文は、話し手がその主語の指示対象寄りの視点をとっているときにのみ用いられる。
>
> 違反例：a. ??/*John$_i$'s roommate was hit by him$_i$.
>
> b. ??/*John$_i$'s younger brother was often hit by him$_i$.

第3章

1. 動作主不明示の受身文の機能：動作主体をぼかす。
2. 動作主不明示の受身文は、
    a. 動作主が自明のとき（e.g. The bill was passed in the Senate.）、
    b. 動作主が不明のとき（e.g. My car was stolen last night.）、
    c. 動作主（おもに、聞き手、話し手）を明示しないことによって、動作主の責任追及、動作主の動作の誇示を避けようとするとき（e.g. This problem should have been discussed at the beginning of the thesis.）

    用いられる。

第4章

1. 「自動詞 + 純粋な前置詞」の受身文：《主語性格づけ機能》を満たせば適格となる。
    a. *The pen was written with by John.
    b. That pen was written with by Charles Dickens in the 19th century.

2 熟語的な前置詞句動詞表現の受身文:《総体的ターゲット性制約》を受け、《状態変化制約》か《主語性格づけ機能》のどちらかを満たせば適格となる。

(A) 《総体的ターゲット性制約》を満たし、《状態変化制約》を満たして適格となる例:
Mary was *laughed at* by her classmates when she sang.

(B) 《総体的ターゲット性制約》を満たし、《主語性格づけ機能》を満たして適格となる例:
I don't like to be *waited for*. (I always try to be early.)

(C) 《総体的ターゲット性制約》は満たしているが、《状態変化制約》も《主語性格づけ機能》も満たさず、不適格となる例:
*I was *waited for* by Mary yesterday.

第5章

1 《二重目的語構文の意味》「XがYにZを受け取る(所有する)ようにする」
   a. Mother fixed us lunch.
   b. *Mother fixed us the old clock.
2 《to〜を用いた構文の意味》「XがZをYの方へ移動するようにする」
   a. The pitcher threw a ball to the fence.
   b. I sent the letter to Boston.
3 《for〜を用いた構文の意味》「XがZの(利益の)ためにY

を行なう」

    a. I cleared the floor for him.

    b. I washed the window for him.

第6章

《Make 使役文の意味的／機能的制約》

使役動詞の make は、被使役主が「抵抗」する事象を、使役主が強制（的手段）により、被使役主に直接的に働きかけて引き起こす場合に用いられる。

    a. The lightning *made* the little girls cover their heads.

    b. *John *made* Mary go to France, as she had really wanted to.

《Get 使役文の意味的／機能的制約》

使役動詞の get は、被使役主が「抵抗」する事象を、使役主が説得したり、苦労／努力して、被使役主に直接的に働きかけて引き起こす場合に用いられる。

    a. I *got* my husband to stop drinking.

    b. *The lightning *got* the little girls to cover their heads.

第7章

《Have 使役文の意味的／機能的制約》

使役動詞の have は、被使役主が「抵抗」しない事象を、使役主が社会習慣的な制御力による指示や、常套的な物理的制御力の使用により、被使役主に間接的に働きかけて引き起こす場合に用いられる。

  a. The coach *had* the players run for another hour.
  b. *I *had* my husband stop drinking.

《Let 使役文の意味的／機能的制約》

使役動詞の let は、被使役主が希望したり、自然にそうなる事象を、使役主が無干渉（許容、放置）により引き起こす場合に用いられる。

  a. John always *lets* Mary do as she likes.
  b. *I *let* him wash my car, though he didn't seem to want to.

第8章

《分裂文の機能的意味》

分裂文 "It BE X that S/" は、S/ が真であることを<u>前提</u>とし、S/ に欠けている要素（「誰か、何か、どこか」など）がXであることを<u>断定</u>する文である。

 It isn't Mary that John hates. *As a matter of fact, he doesn't hate anybody.

《分裂文の文脈的制約》

分裂文 "It BE X that S/" は、S/ が表わす意味内容が、聞き手の意識の中にあると話し手が想定する資格があるときにのみ用いられる。

> Hi Mary. It's a bowl of sugar that I want to borrow from you this time.

《分裂文の含意》

分裂文 "It BE X that S/"（たとえば、It's Mary that John hates）は、話題になっている集合（たとえば、{Bill, Martha, Mary, Jane, Tom}）の X 以外のメンバーについて、～S/（S/ の否定、たとえば、John does not hate ＿）が真であることを含意する。

> a. *It was on the chair that Mary didn't put the vase.
> b. It was in Room 315 that Mary didn't put the book.

第9章

(1) a. Mary says, "John, who is honest, never tells lies."
     b. Mary says that John, who is honest, never tells lies.

(1a) の who is honest は、メアリーの前提であるが、(1b) のそれは、この文全体の話し手（外部発話者）の前提である。そのため、(1a) の直接話法の文を意味を変えないで間接話法の文にするには、(1b) ではなく、次のように言わなければならない。

(2) Mary says that John, who *she says* is honest, never tells lies.

付記・参考文献

【コラム②】
◎ Go up to/Come up to、「〜てやる／〜てくれる」等、視点動詞の詳細については、久野 (1978) を参照。

☆ 久野暲 (1978)『談話の文法』大修館書店。

【第3章】
◎ 本章で述べた、アドバイザーと学生との論文に関する議論は、Calhoun (1976) に負っている。
◎ 本章冒頭で述べた、経営者側が従業員に伝える言い方は、Declerck (1991: 211) に負っている。

☆ Calhoun, G. (1976) "The Function of the Passive," Busch Center, The Wharton School, University of Pennsylvania.
☆ Declerck, R. (1991) *A Comprehensive Descriptive Grammar of English*. Kaitakusha.

【第5章】
◎ 二重目的語構文と情報の流れに関しては、Kuno (1979) を参照されたい。
◎ (5b) ??John gave a girl the book. が適格となるような文脈がある。たとえば、次の対話を参照されたい。
 (i) 話し手 A: John gave Tom the book.
     話し手 B: John gave a girl the book, so it couldn't have been Tom.

話し手Bの文の前半は、話し手Aの文に間違いがあることを指摘し、それを正す文である。このような「間違い正し文」は、元になる文の文型をそのまま保持して、間違っているところ (Tom) だけを正しい表現 (a girl) に置き換えることによって作られる。したがって、話し手Bの文で、新情報 a girl が旧情報 the book の前に現われて情報の流れに違反しているのは、話し手Bの意図的語順変換によるものではなく、話し手Bが「間違い正し文」作りの規則に従ったために起きたものであって、そこには情報の流れの意図的違反がない。(5b) が (i) の文脈で適格となるのは、このためである。

◎ 二重目的語構文とそれに対応する to/for 〜を用いた表現との意味の相違に関しては、Pinker (1989), Croft (1991), Goldberg (1995) 等を参照されたい。

◎ 以下の例文の適格性の違い、およびその説明は、Langacker (1991: 360) に負っている。

(i) a. *I cleared him the floor. (=18a)
    b. I cleared him a place to sleep on the floor. (=20)

☆ Croft, W. (1991) *Syntactic Categories and Grammatical Relations*. University of Chicago Press.

☆ Goldberg, A. (1995) *Constructions*. University of Chicago Press.

☆ Kuno, S. (1979) "On the Interaction between Syntactic Rules and Discourse Principles," in G. Bedell, E. Kobayashi, and M. Muraki (eds.) *Explorations in Linguistics*, 279-304. Kenkyusha.

☆ Langacker, R. (1991) *Foundations of Cognitive Grammar*, Vol. 2. Stanford University Press.

☆ Pinker, S. (1989) *Learnability and Cognition*. MIT Press.

【第6章】

◎ 本章の例文 (1) (2) で言及した楽曲について、下記のとおり許諾を得ている。JASRAC 許諾番号は奥付に記載。

YESTERDAY ONCE MORE
Words & Music by JOHN BETTIS and RICHARD CARPENTER
© HAMMER AND NAILS MUSIC
All Rights Reserved. Print rights for Japan administered by Yamaha Music Entertainment Holdings, Inc.

LET IT SNOW, LET IT SNOW, LET IT SNOW
Words by SAMMY CAHN Music by JULE STYNE
©1945 (Renewed) PRODUCERS MUSIC PUBLISHING CO., INC.
All Rights Reserved. Print rights for Japan administered by Yamaha Music Entertainment Holdings, Inc.

LET IT SNOW LET IT SNOW LET IT SNOW
Sammy Cahn / Jule Styne
© Concord Sounds
The rights for Japan licensed to Sony Music Publishing (Japan) Inc.

【第8章】

◎ 《分裂文の文脈的制約》は、Prince (1981) に負っている。
◎ 以下の例、および分裂文の S/ に残された目的語を欠く前置詞が前提の一部である、という観察は、Pinkham and Hankamer (1975) に負っている。

(i)　　　Mary hid the money somewhere, but I don't know exactly where. (=16)

a. All I know is it wasn't *under the living room rug* that she hid it.
b. *All I know is it wasn't *the living room rug* that she hid it under.

☆ Pinkham, J. and J. Hankamer (1975) "Deep and Shallow Clefts," *Papers from the Eleventh Regional Meeting of Chicago Linguistic Society* (*CLS* 11), 429-450.

☆ Prince, E. (1981) "Towards the Taxonomy of Given-New Information," in P. Cole (ed.) *Radical Pragmatics*, 223-255. Academic Press.

[著者紹介]

久野 暲（くの・すすむ）
1964年にハーバード大学言語学科Ph.D.を取得し、同学科で40年間教鞭をとる。現在、ハーバード大学名誉教授。主な著作に『日本文法研究』（大修館書店、1973）、『談話の文法』（大修館書店、1978）、『新日本文法研究』（大修館書店、1983）、*Functional Syntax* (University of Chicago Press, 1987) などがある。

高見 健一（たかみ・けんいち）
1990年に東京都立大学文学博士号を取得し、静岡大学、東京都立大学を経て、学習院大学文学部教授。2022年逝去。主な著作に *Preposition Stranding* (Mouton de Gruyter, 1992)、『機能的構文論による日英語比較』（くろしお出版、1995）、『日英語の機能的構文分析』（鳳書房、2001）などがある。

なお、二人の共著による主な著作に *Grammar and Discourse Principles* (University of Chicago Press, 1993)、『日英語の自動詞構文』（研究社、2002）、*Quantifier Scope* (くろしお出版、2002)、*Functional Constraints in Grammar* (John Benjamins, 2004)、『日本語機能的構文研究』（大修館書店、2006）、『英語の構文とその意味』（開拓社、2007）、『謎解きの英文法』シリーズ（くろしお出版、2004〜）などがある。

謎解きの英文法　文の意味

JASRAC（出）　許諾第 0500720-409

発行	2005年 4月 1日　第1刷発行 2025年 1月 5日　第9刷発行
著者	久野　暲・高見　健一
装丁	折原カズヒロ
イラスト	益田賢治
印刷所	藤原印刷株式会社
発行人	岡野秀夫
発行所	株式会社　くろしお出版 〒102-0084 東京都千代田区二番町 4-3 二番町カシュービル 8F TEL 03-6261-2863　FAX 03-6261-2879 https://www.9640.jp/　e-mail:kurosio@9640.jp

© Susumu Kuno, Ken-ichi Takami 2005 Printed in Japan

ISBN978-4-87424-323-7　C1082

●乱丁・落丁はおとりかえいたします。本書の無断転用・複製を禁じます。

| 謎解きの英文法 全11巻 | 久野暲・高見健一 |

謎解きの英文法　冠詞と名詞

1,540円（1,400円＋税）　192頁
ISBN 9784874243015　2004年
Several と a few、どちらが大きな数を表せるか？　冠詞と名詞にかかわるさまざまな「謎」を著者と一緒に解くことで、その面白さや奥深さを再発見。

謎解きの英文法　文の意味

1,650円（1,500円＋税）　232頁
ISBN 9784874243237　2005年
I am liking you more and more. など、学校文法とは異なるネイティブの英語。進行形、受身文、使役文、二重目的語構文、強調構文などに焦点をあて英文法の謎を解く。

謎解きの英文法　否定

1,650円（1,500円＋税）　224頁
ISBN 9784874243916　2007年
文否定と構成素否定、2重否定、部分否定と全体否定や "few", "much", "any", "barely", "only" などの否定表現に関する謎を解く。推理小説のような面白さ。

謎解きの英文法　単数か複数か

1,650 円（1,500 円＋税）　248 頁
ISBN 9784874244524　2009 年
"glass", "team", "family" などの単数・複数の使い分けはどうすればよいか？　従来の文法説明と一線を画し、英語の単数、複数を根本から解き明かす。

謎解きの英文法　省略と倒置

1,760 円（1,600 円＋税）　260 頁
ISBN 9784874245897　2013 年
「命令文で省略されている主語は You だけ？」「英語でも主語が省略されることがある？」省略と倒置を理解すると、複雑な構文がすっきり理解できる。

謎解きの英文法　時の表現

1,650 円（1,500 円＋税）　212 頁
ISBN 9784874245934　2013 年
時の表現を網羅的にまとめ、現在形、過去形から、進行形、現在完了形などを解き明かす。マクドナルドの名コピー "I'm lovin' it." の文法構造も解説。

謎解きの英文法　使役

1,650 円（1,500 円＋税）　208 頁
ISBN 9784874246382　2014 年
使役表現は make, let, have, get, など動詞によって意味が違い、land the plane と make を使った make the plane land も意味が異なる。違いを整理し、定説の間違いを正す。

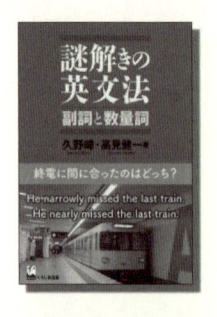

謎解きの英文法　副詞と数量詞

1,760円（1,600円＋税）　272頁
ISBN 9784874246672　2015年
deep と deeply、ago と before などの副詞はどこが違うのか？ too, also, even, only が修飾するものは？副詞と数量詞の謎を解明。

謎解きの英文法　動詞

1,760円（1,600円＋税）　280頁
ISBN 9784874247242　2017年
The boy kick the ball. と The boy kick at the ball. の違いは？ Come と go の使い分けや、相互動詞などについても詳細に解説。動詞についての謎を解く。

謎解きの英文法　形容詞

1,760円（1,600円＋税）　280頁
ISBN 9784874247761　2018年
ネイティブの英語には、than 〜のない比較級がある。形容詞の語順に決まりはあるのか？　She's certain/sure To Win. の判断は誰の判断なのか？

謎解きの英文法　助動詞

1,650円（1,500円＋税）　224頁
ISBN 9784874248867　2022年
Can you …? は Would you …? より丁寧な依頼表現か？　will と be going to の違いは？　著者の一人がハーバード大学で教鞭をとるようになったエピソードも。